Martin von Arndt

Wir
vom Jahrgang
1968
Kindheit und Jugend

Impressum

Bildnachweis:

Cover Vorderseite: Astrid Gassen, Martin von Arndt; Rückseite: Martin von Arndt

ullstein bild /dpa: S. 8; Robert Merget, Rödermark-Uberach: S. 10; Astrid Gassen, Saarbrücken: S. 12 li, ullstein-bild/Galuschka: S. 13 li; picture alliance/HJS-Sportfotos: S. 13; ullstein bild/Rohloff: S. 14; ullstein bild/United Archives: S. 16, 46 u.re; ullstein bild/Sven Simon: S. 18, 49li; Claudia Brandau, Homberg: S. 29; ullstein bild/VB-Report: S. 21; ullstein bild/Christof Stache: S. 27; ullstein bild/Schirner: S. 28; ullstein bild/Reick: S. 31; ullstein bild/Fotoagentur imo: S. 33; ullstein bild/Sticha: S. 35; ullstein bild/AP: S. 36; © 1950 und 2014 Karl Rauch Verlag, Düsseldorf: S. 42 li; ullstein bild / Franz E. Möller: S. 44u; ullstein bild/amw: S. 45o, 56, 59; ullstein bild/Bernd Wende: S. 45u; ullstein bild/United Archives/KPA: 46 li; ullstein bild/CBS: S. 48; ullstein bild/Rzepka: S. 49li; ullstein bild/United Archives/90060: S. 53; ullstein bild/Hoffmann: S. 55u; ullstein bild/Roger Violet/ Bernhard Lipnitzki: S. 57o; ullstein bild/Firo/Ico: S. 60; ullstein bild/AKG: S. 59; ullstein bild/ SylerPress: S. 62

Alle übrigen Fotos stammen vom Autor, www.vonarndt.de

Wir danken allen Lizenzträgern für die freundliche Abdruckgenehmigung.
In Fällen, in denen es nicht gelang, Rechtsinhaber an Abbildungen zu ermitteln,
bleiben Honoraransprüche gewahrt.

Bedanken möchte ich mich insbesondere bei Daniela Hägele, Karla Reimert, Annette Kosakowski, Doris Klöden, Mirja Brink, Laura Böse, Heinz Schmidt, Ansgar Nöth, Boris Marold, Eckhard Pecher, Sönke Greimann, Hartwig Kinder, Dirk Hüske-Kraus, Ioan Radulescu, Boris Lavicka und Lothar Struck.

12. Auflage 2024
Alle Rechte vorbehalten, auch die des auszugsweisen
Nachdrucks und der fotomechanischen Wiedergabe.
Gestaltung und Satz: r2 | Ravenstein, Verden
Druck: Druck- und Verlagshaus Thiele & Schwarz GmbH, Kassel
Buchbinderische Verarbeitung: Buchbinderei S. R. Büge, Celle
© Wartberg-Verlag GmbH
34281 Gudensberg-Gleichen • Im Wiesental 1
Telefon: 056 03/9 30 50 • www.wartberg-verlag.de
ISBN: 978-3-8313-3068-3

Vorwort

Liebe 68er!

Was haben „Jumpin' Jack Flash" von den Rolling Stones, „Delilah" von Tom Jones, „Mighty Quinn" von Manfred Mann und „Heidschi Bumbeidschi" von Heintje gemeinsam? Richtig: Sie waren wochenlang Nummer-Eins-Hits der deutschen Charts im Jahr 1968.

Wir 68er sind ein Jahrgang, der damit aufgewachsen ist, dass der Mensch nicht nur die letzten Winkel Afrikas, Südamerikas und der Antarktis entdeckt und vermessen, sondern auch längst einen Fuß auf den Mond gesetzt hatte (wenn nicht gar mit der Enterprise in die unendlichen Weiten des Weltalls vorgedrungen ist). Ein Jahrgang, der in seiner Jugend immer wieder zwischen den politischen und ideologischen Fronten gestanden und sich an so mancher Anti-Nachrüstungsdemonstration beteiligt hat. Einer der letzten geburtenstarken Jahrgänge. Und einer der ersten, der wie selbstverständlich in eine durch das Fernsehen beherrschte, sowie in eine computerisierte Umwelt hineingewachsen ist. Trotzdem haben wir uns die gleichen Schrammen geholt wie unsere Eltern, als wir beim freihändigen Fahrradfahren übermütig geworden sind, beim Mädchenturnen die Reckstange verfehlt haben und beim „Kicken" mit einer Blutgrätsche niedergestreckt worden sind.

Wir sind ein Jahrgang, der sich immer aufs Neue zwischen dem Althergebrachten und dem Neuen entscheiden musste, auch in der Art und Weise, wie wir unser Leben planen. *„Zeit erzählt gute Geschichten"* sagen die Iren. Ganz in diesem Sinne wünsche ich allen 68ern eine schöne Zeit und gute Erinnerungen mit diesem Buch.

Martin von Arndt

Abräumen, Allesschlucker und große Entdecker

Die wahren 68er!

Wir sind die wahren 68er! Das Rütteln, das durch das Land ging, hat sich bereits in den Bäuchen unserer Mütter bemerkbar gemacht. Wenn es für uns zunächst auch nur darum gehen konnte, uns im Mutterleib in eine bequemere Lage zu wenden. Und doch haben unsere Eltern einer jeden Bewegung von uns wie einer Meldung von höchster politischer Bedeutung nachgehorcht, haben aus ihr versucht zu orakeln, ob sich in ihr Mädchen oder Junge kundtue. Die Mädchen, so munkelten die Großmütter, seien lebhafter. Als es dann endlich so weit war, wurden die Mütter ins nächste Krankenhaus gebracht. „Zu Hause" zur Welt zu kommen war Ende der 60er-Jahre fast undenkbar, auch wenn die Stadt- und Kreiskrankenhäuser noch ordentlich an Feldlazarette erinnerten, und mancher Arzt, vertraut man den Aussagen unserer Mütter, auch

Chronik

4. April 1968
Ermordung von Martin Luther King in einem Hotel in Memphis (Tennessee).

11. April 1968
Der westdeutsche Studentenführer Rudi Dutschke wird angeschossen.

3. Mai 1968
Mit der Besetzung der Pariser Universität (Sorbonne) beginnen die studentischen Mai-Unruhen in Frankreich.

20. August 1968
Der Einmarsch von Truppen des Warschauer Pakts in der Tschechoslowakei beendet den „Prager Frühling".

April 1969
Es erscheint die Single „In the Ghetto" von Elvis Presley.

20. Juli 1969
Erste bemannte Mondlandung von Apollo 11. Einen Tag später betritt Neil Armstrong um 3 Uhr 56 MEZ als erster Mensch den Mond.

15. bis 17. August 1969
Legendäres Musik-Festival in Woodstock (USA).

21. Oktober 1969
Nach dem Sieg der SPD bei den Bundestagswahlen wird Willy Brandt Bundeskanzler der Bundesrepublik Deutschland.

19. März 1970
In Erfurt treffen sich Bundeskanzler Willy Brandt und DDR-Ministerpräsident Willi Stoph. Die Menschen jubeln ihnen zu.

14. Mai 1970
Gründung der linksextremen Rote Armee Fraktion (RAF).

21. Juni 1970
Brasilien wird Fußballweltmeister, Italien wird Zweiter, Deutschland Dritter.

7. Dezember 1970
Unterzeichnung des Warschauer Vertrags, der die Oder-Neiße-Linie endgültig als Grenze zwischen Deutschland und Polen festlegt. Willy Brandt kniet vor dem Denkmal für die Toten des jüdischen Gettoaufstands in Warschau.

Das Wiegen stellte damals noch keine Herausforderung für die Eitelkeit dar.

einen Ton am Leib hatte, der bewies, mit welcher Schneidigkeit er einst ganz andere Patienten versorgt hatte.

„Jumpin' Jack Flash", „Delilah" und „Mighty Quinn" beschallten sicherlich nicht die Kreißsäle, in die unsere Väter übrigens noch nicht hineindurften – sehr zu ihrer Freude, konnten die meisten doch kein Blut sehen; aber vielleicht waren sie zu hören, als die ersten Umtrünke mit Vaters Arbeitskollegen

1. bis 3. Lebensjahr

und Freunden improvisiert wurden, kaum dass sie die Nachricht erhalten hatten, dass ihre Frau soeben ein Kind zur Welt gebracht habe. 3900 Gramm, „ordentliche Brocken" und quietschfidele Schreihälse, und das fast eine Million Mal in diesem Jahr. Vom „Pillenknick" war noch nicht die Rede, wir sind ein starker Jahrgang und sollten uns Jahre später in der Schule gegenseitig immerzu auf die Füße treten, so groß waren die Klassenverbände. (Oder so klein die Klassenzimmer? Hm.)

Wir sind also da

Kaum da, hatten wir es gar nicht leicht. Wir mussten plötzlich eigenständig atmen, unser Herz und unseren Kreislauf regulieren, den Wärmehaushalt stabilisieren, Nahrung aufnehmen, verdauen und sie bei uns behalten.

Ja, und wir mussten in unserem neuen, nicht länger nassen Umfeld unsere Motorik trainieren. Zum Glück waren wir uns dessen noch nicht bewusst, so wenig wie unserer Wirkung. Wenn der früheste väterliche Blick auf uns manchmal auch Irritation verriet („Bleibt das so rot?"): Mit dem ersten festen Griff um Papas Daumen hatten wir ihn so oder so auch schon ganz fest im Griff. Solche Wonneproppen waren wir!

Das erste Großereignis, das uns in den Mittelpunkt des familiären Lebens rückte, war die Taufe. Verwandte waren angereist aus allen Himmelsrichtungen, meist schon tags zuvor, um nicht auf den letzten Drücker in der Kirche zu erscheinen. Sie hatten sich fein herausgeputzt und mit Fotoapparaten bewaffnet, während wir dem Trubel gelassen und ziemlich schläfrig entgegensahen und abwechselnd dösten, schliefen, husteten und prusteten. Bis zu dem Moment, als komplett unerwartet Wasser auf uns niederprasselte und uns laut aufschreien ließ. Dabei hatten wir eben noch so gut geschlafen! Und dann kniff uns jeder unserer Taufpaten in die Wange. Worauf wir mit noch lauterem Schreien die einzig passende Antwort gaben. Zum Glück war Mama in der

Nähe und schaffte es immer rechtzeitig, uns in eine angenehme Schlaflage zurückzubringen. Wer weiß, ob wir den Erwachsenen sonst ernstlich böse geworden wären.

Die Allesschlucker

Von der Mutterbrust wurden wir 68er viel seltener verwöhnt als die nur wenige Jahre Älteren. Unseren Müttern hatte die Lebensmittelindustrie mit tatkräftiger Unterstützung der Werbung erfolgreich eingeredet, es sei kräftigender und hygienischer, wenn Säuglinge ihre Nahrung aus der Flasche erhielten. Und so wurden wir zu Flaschenkindern, die verwässerte Honigmilch nuckelten. Machte uns aber auch nichts, solange wir nur genug davon abbekamen.

Wenige Zeit später wurden die Essensrituale dann ein wenig intensiver. Seltsame Geruchsbelästigungen soll besonders die Kombination Fisch und Spinat im Alete-Gläschen ausgelöst haben, die uns überm Sabberlätzchen eingeflößt wurde. Der Spinattest war berüchtigt, und die große Spinatlüge wurde erst Jahrzehnte später aufgedeckt. Und so schluckten wir den angeblich enorm eisenhaltigen grünen Brei oder spuckten ihn unverrichteter Dinge einfach wieder aus. Test beendet. Die Küche brauchte einen neuen Anstrich.

Die Abräumer

Wir zeigten uns vom Mond relativ unbeeindruckt. Manche hatten noch Mühe, den Kopf selbstständig aufrecht zu halten, während andere damit beschäftigt waren, das Sitzen oder Krabbeln zu erlernen und aus süßen Wonneproppen nun schreiende Bündel mit vor Fieber hochrotem Kopf wurden, weil sie zahnten.

Nur die Älteren von uns, die sich bereits aufrichten und nach allem grapschen konnten, hatten schon so richtig Freude an ihrem Hiersein. Für unsere Eltern leitete dies eine eher stressige Zeit ein. Zwar begannen sie, endlich einmal wieder durchzuschlafen, aber jetzt musste alles vor uns in Sicherheit gebracht werden. Denn zum Untersuchen der bunten und liebenswerten Gegenstände gehörte natürlich auch, dass wir sie wie den Schnuller in den Mund nahmen und von ihnen probierten. Schließlich war diese Welt eine höchst faszinierende, deren Entdecker wir gerade erst wurden.

Unter den Talaren der Muff von tausend Jahren

Seit Mitte der 60er-Jahre protestierten die Studenten gegen die als überkommen wahrgenommenen kulturellen, politischen und gesellschaftlichen Verhältnisse in Deutschland. Einer ihrer Leitsätze war: „Unter den Talaren der Muff von tausend Jahren". Er richtete sich gegen eine Riege noch immer aktiver Professoren, die bereits in der Zeit des Dritten Reichs wichtige Ämter innegehabt hatte.

Besonders die Große Koalition aus CDU und SPD, die zwischen 1966 und 1969 eine reformschwache, von den gesellschaftlichen Ereignissen überrollte Regierung stellte, ließ eine sich rasch formierende, studentisch dominierte „Außerparlamentarische Opposition" (APO) entstehen. Doch Deutschland stand damit nicht allein. Auch in den USA, in Frankreich oder Italien brodelte es.

Als am 2. Juni 1967 bei einer Demonstration gegen den in Deutschland weilenden Schah von Persien der Student Benno Ohnesorg erschossen wurde, hatte die APO ihren ersten Märtyrer. Dem sollte ein knappes Jahr später der Studentenführer Rudi Dutschke folgen, der bei einem Attentat lebensgefährlich verletzt wurde. Die Boulevardpresse verschärfte zusätzlich die Gegensätze zwischen (Klein-) Bürgertum und Studentenschaft durch eine polarisierende

Andreas Baader wurde 1968 wegen Brandstiftung zu einer mehrjährigen Haftstrafe verurteilt.

Berichterstattung. Schließlich begann sich Ende der 60er-Jahre die Studentenbewegung zu radikalisieren. Um Andreas Baader, der 1968 mit ersten Brandanschlägen auf Kaufhäuser von sich reden machte, und Ulrike Meinhof bildete sich die Rote Armee Fraktion (RAF).

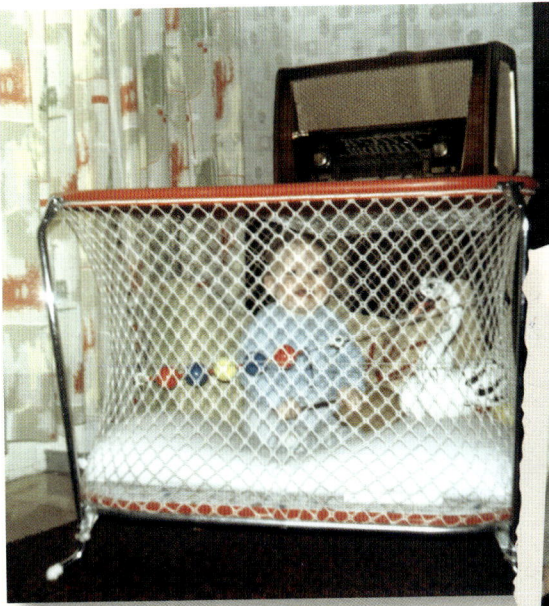

Ein wahres Monster von Radio und ein Schwan, der „Hansi" hieß.

Weihnachten war mal mehr, mal weniger beschaulich. Wir waren's meist zufrieden.

Zwischen Laufstall und Gitterbett

Als wir krabbeln konnten, aber gerade mal nicht krabbeln sollten, setzten uns unsere Mütter in einen Laufstall. Machen wir uns nichts vor: Es war die erste Käfighaltung, der wir ausgesetzt waren, auch wenn wir mit Musik beschallt wurden von Mama, die in der nahen Küche den neuesten Schlagern aus dem Radio lauschte.

Ärgerlich war nur das Gitterbett. So jung und schon hinter Gittern! Den Ausbruch probten wir, wenn wir gerade mal nicht schläfrig waren, also fast andauernd. Und unsere Eltern fürchteten redlich den Tag, an dem wir mit äußerstem Geschick unserem „Santa Fu", „Château d'If" oder „Alcatraz" entkämen.

Es kam der Tag, da brabbelten wir, was das Zeug hielt. Vorbei die Zeit, in der wir lediglich unsere Stimmbänder ausprobierten, jetzt imitierten wir die Töne, die unsere Eltern machten. Das erste Wort, das wir sagten, war Mama oder Auto. Angeblich geschlechtsunabhängig, was dafür spräche, dass die

9

Mädchen später den Führerschein meist viel schneller schafften als die Jungs. Noch spannender waren nur die Spiele. Nicht mit Mama oder Auto, sondern mit Papa, der uns unsere Nase stahl, sie stolz präsentierte und sie doch immer wieder dorthin zurückversetzte, wo sie hingehörte. Wir konnten einfach nicht genug davon bekommen. Papa irgendwann schon.

Was es alles gab

In eine der ersten großen Verwirrungen unseres Lebens stürzte uns Papa, als er unsere Mama hartnäckig „Susanne" oder „Marianne" nannte, obwohl sie doch „Mama" hieß. Wie absolut jeder wusste.

Daneben gab es Oma, Opa, und das gleich zweimal mit unterschiedlichen Gesichtern und Körperformen, es gab das Auto, den Bruder und die Schwester, die Tante und den Onkel, es gab den Himmel und die Katze, den Hund und den Wellensittich, die Blumen, das Haus, die Straße, den Spielplatz und den Metzger, bei dem immer ein Rädchen Wurst abzugreifen war. Es gab auch Puppen und Teddys. Sie waren besonders schick, wenn sie ein eingebautes Tonband enthielten mit solch grandiosen Sätzen wie „Hab mich lieb" oder „Ich bin müde, ich möchte mit dir schlafen gehen". Natürlich wurde die Quelle dieser Stimme bald gründlich untersucht, zerlegt und ausgebaut. Und nach der OP holte Mama das Nähzeug, um sie wieder zusammenzuflicken, um zu retten, was noch zu retten war. „Du bist schrecklich", sagte sie. Aber trotzdem hatte jeder jeden lieb. Nur der Teddy schmollte jetzt und sagte keinen Ton mehr.

Endlich süße Sunkist saugen, ade du Muttermilch.

10

Jetzt war der Mensch auch auf dem Mond und tat große Sprünge.

Ein großer Sprung für die Menschheit

Am 20. Juli 1969 um 20:17 Uhr (Weltzeit) vermeldete der Astronaut Neil Armstrong in einer weltweit ausgestrahlten Fernsehübertragung: „Hier ist das Meer der Ruhe. Der Adler ist gelandet!" Und einen Tag später betrat er als erster Mensch den Mond mit den wohl vorbereiteten Worten: „Es ist ein kleiner Schritt für einen Menschen, aber ein großer Sprung für die Menschheit!" Das symbolische Ereignis, das diese Mondlandung darstellte, ist kaum hoch genug einzuschätzen. Politisch kam sie einem Sieg der Westalliierten im Kalten Krieg mit dem Warschauer Pakt gleich. Sie bedeutete aber auch das Wiederaufflammen eines Gefühls des „Wir-können-alles-erreichen", des blinden Vertrauens in Technik und menschliche Ingenieurskunst, das in den beiden Weltkriegen und der ersten wirtschaftlichen Depression, der Europa nach dem Krieg entgegenging, Federn gelassen hatte.

Was zu viel ist, ist zu viel.

Wenn wir mal stillstanden,
konnten wir eigentlich ganz lieb sein.

Auf dem Töpfchen

Jetzt wurde es richtig ernst.
Sauber sollten wir werden.
Unsere Mütter hatten reichlich
Arbeit mit uns, von Wasch-
maschinen konnte in den meisten Haushalten noch nicht die Rede sein, und so
setzte uns Mama regelmäßig aufs Töpfchen, um Tröpfchen für Tröpfchen
darauf zu warten, was passierte. Eine lange, lange Zeit verging. Das ausgie-
bige Sitzen war sterbenslangweilig, und es gab so viele interessantere Dinge
zu tun und zu entdecken.

Doch jedes Mal, wenn wir versuchten, uns davonzuschleichen, drückte uns
Mama mit sanfter Gewalt wieder zurück in die Hocke. Bittere Tränen vergossen
wir, Tränen der Anstrengung und, mehr noch, des Unverständnisses. Doch
wenn wir dann unser Produkt, das aus dieser Sitzung hervorgegangen war,
präsentieren konnten, waren wir mit einem Male auch stolz und glücklich. Und
gleich in doppeltem Sinne erleichtert.

Sophie von Kessel und Stefan Effenberg.
Typische „68er".

Berühmte 68er

1. Jan.	**Davor Suker** *kroatischer Fußballspieler*		1. Mai	**Oliver Bierhoff** *deutscher Fußballspieler*
5. Jan.	**DJ Bobo** *schweizer DJ und Popmusiker*		5. Mai	**Dariusz Michalczewski** *polnisch-deutscher Boxer*
14. Jan.	**LL Cool J** *US-amerikanischer Rapper*		28. Mai	**Kylie Minogue** *australische Sängerin*
27. Jan.	**Mike Patton** *US-amerikanischer Sänger und* *Songwriter* *(Faith No More, Tomahawk)*		4. Juni	**Rachel Griffiths** *australische Schauspielerin*
			2. Aug.	**Stefan Effenberg** *deutscher Fußballspieler*
30. Jan.	**Felipe von Spanien** *spanischer Thronfolger*		25. Sep.	**Will Smith** *US-amerikanischer* *Schauspieler und Rapper*
6. März	**Smudo** *deutscher Musiker* *(Die Fantastischen Vier)*		28. Sep.	**Mika Häkkinen** *finnischer Rennfahrer*
9. März	**Youri Djorkaeff** *französischer Fußballspieler*		7. Okt.	**Thom Yorke** *Sänger der englischen* *Popgruppe Radiohead*
30. März	**Patrick Bach** *deutscher Schauspieler*		13. Okt.	**Sophie von Kessel** *deutsche Schauspielerin*
30. März	**Céline Dion** *frankokanadische Popsängerin*		31. Okt.	**Vanilla Ice** *US-amerikanischer Popsänger*
8. April	**Patricia Arquette** *US-amerikanische* *Schauspielerin*		9. Nov.	**Axel Schulz** *deutscher Boxer*
21. April	**Tita von Hardenberg** *deutsche TV-Moderatorin und* *-Produzentin*		2. Dez.	**Lucy Liu** *US-amerikanische* *Schauspielerin chinesischer* *Abstammung*
25. April	**Thomas Strunz** *deutscher Fußballspieler*		18. Dez.	**Mario Basler** *deutscher Fußballspieler*
29. April	**Jürgen Vogel** *deutscher Schauspieler*			
29. April	**Michael Herbig** *deutscher Schauspieler, Autor,* *Regisseur und Filmproduzent*			

Der **Kindergarten** und die **Gefahren** der **Kopfwäsche**

Im Kindergarten
wird Fasching gefeiert.

Mit Grießbrei und Kamillentee

Windpocken, Masern, Röteln, Mumps. Sie zogen eine ganze Woche lang Grießbrei und Kamillentee nach sich. Kamillentee wurde gar zum Synonym für erhöhte Temperatur. Jeden Morgen standen wir im Bad und zählten nach, wie viele Pusteln wir noch hatten. Die schöne Zeit des Zuhause-

Chronik

bleibens, des Umsorgtwerdens: Noch hatte sie nicht den Stellenwert, den sie später in der Schule hatte. Das Thermometer war nichts als ein lästiger Gegenstand, den uns unsere Mütter in den Po steckten, und kaum hatten sie es wieder von dort entfernt, rutschte unfehlbar ein Zäpfchen gegen Fieber hinterher. Von Wohlfühlen konnte da keine Rede sein!

Erst am Nachmittag, wenn die Oma kam und auf uns aufpasste, wenn unsere kleine Märchenstunde begann, hatte das Kranksein etwas zum Genießen. Die sonorste Stimme der Welt las und las und las. Und wir konnten nicht genug davon bekommen. Schneewittchen, Hänsel und Gretel, und natürlich Aschenputtel waren unsere Favoriten. Grimms Hausmärchen standen wohl bei jeder Familie im Bücherschrank.

Die ersten Tage waren schwer

Was waren sie fürchterlich, die ersten Tage im Kindergarten! Abgestellt fühlten wir uns, aus der mütterlichen Schutzzone verbannt, und das für Stunden. Und hatten wir uns gerade erst wieder emotional gefangen, begann garantiert ein anderer zu weinen. Was unseren Kummer nicht nur erschwerte, sondern ihn nachgerade verdoppelte.

Dabei gaben sich die Kindergärtnerinnen alle nur erdenkliche Mühe, uns bei Laune und Beschäftigung zu halten. Und dann, endlich, nach Tagen des Jammers und der Mühsal, die ausgefüllt waren mit aufregendem neuen Spielzeug, das wir zu Hause nicht besaßen, und neuen Spielgefährten, die nicht mit uns nach Hause kommen konnten, hatten sie es auch geschafft. Wir spielten und tollten lautstark und verschwendeten keinen Gedanken mehr an Heimweh.

Der Kindergarten war eine Zeit intimer morgendlicher Rituale. Frühstücksrituale. Nach dem Aufstehen und der Katzenwäsche mit dem mütterlichen Waschlappen, den wir schlaftrunken vor dem Waschbecken über unser Gesicht gleiten fühlten, gab's erst einmal einen Kaba zur Stärkung. Ordentlich Zucker darin war eine Selbstverständlichkeit. Anschließend wurden wir sommers wie winters textil ausgepolstert, mit einer Notration versehen (Apfel, Banane, Cervelatstulle, der berühmte ABC-Pack) und von Mama oder älteren Geschwistern, die sich wortreich – viel zu wortreich für den frühen Morgen! – über unsere Trödelei beschwerten, in den Kindergarten gebracht. Wohl dem, dessen Bruder schon Mofa fuhr!

Aber eines Tages war alles ganz anders. Kaum dort angekommen, standen wir Erwachsenen gegenüber, die, handschuhbewehrt, uns grob durchs Haar strichen, dabei „Tststs" murmelten und dafür sorgten, dass wir keine Viertelstunde später wieder zu Hause auf dem Sofa lagen. Mit Nissenkamm und einem stinkenden Pulver gingen unsere Mütter gegen die Läuseattacken vor, und wenn alles nichts half, waren wir binnen Kurzem im Besitz einer schnittigen – aber damals leider vollkommen unmodischen – Kurzhaarfrisur.

In meiner Wanne bin ich König

Samstag war Badetag. Die Feierlichkeiten, die damit verbunden waren, begannen meist schon in den frühen Nachmittagsstunden, wenn Kessel oder Boiler vorgeheizt werden mussten und wir noch einmal die letzte Gelegenheit haben sollten, uns so richtig schmutzig zu machen. Es sollte sich ja auch lohnen!

Der Wannenspaß war unvergleichlich. Vielleicht erinnerte uns das warme Wasser und die prickelnde Durchflutung mit Badezusatz vage an eine Zeit, in der wir im Mutterleib noch ganz Schwimmer waren. Nur mit den Geschwistern sich die Wanne zu teilen, war nicht ganz einfach. Die hatten meist Blödsinn im Kopf, die Älteren zumal, spritzten uns Wasser in die Augen oder schütteten es uns über den Kopf. Und die eine oder andere Welle, die wir als Gegenmaßnahme produzierten, führte zu einer Überschwemmung der halben Wohnung, für die wir dann wieder ausgescholten wurden. Dabei hatten wir doch gar nicht damit angefangen. Nein, dann war es schon besser, mit Mama oder Papa zu baden. Die konzentrierten sich wenigstens darauf, uns den Rücken zu schrubben. Aber ganz ohne die lästige, da gefahrvolle Kopfwäsche kamen wir auch bei ihnen nicht davon.

Aber Samstag war eben nicht nur Badetag. Es war der Tag, an dem all das gemacht werden konnte, was die Woche über vernachlässigt worden war. Bereits in den mittleren Fünfzigern, seit Einführung der Fünftagewoche, entwickelte sich in Deutschland ein wahrer Samstagskult, an dem wir eifrig Anteil nahmen: Auto waschen (wir, nebendran, wienerten die Felgen oder putzten unsere Kettcars), Rasen mähen, Gartenabfälle verbrennen (mit Sicherheit nicht nur Gartenabfälle, und wenn Papa oder Opa gut gelaunt waren, warfen sie zum

Links- und Rechtsscheitel ergänzen einander prima. Die frühen 70er-Jahre achteten auf strenge Symmetrie.

17

Schluss auch ein paar Kartoffeln in die Glut, wahrhaft die besten Kartoffeln der Welt). Fußball im Radio, nach dem Bad die „Sportschau" und „Disco" mit Ilja Richter im Fernsehen.

Und wenn wir noch ein Auge aufhalten konnten, durften wir, bequem zwischen die Eltern gekuschelt, auch eine halbe Stunde der großen Samstagabendshows (beispielsweise „Am laufenden Band", seit 1974 mit Rudi Carrell) mitschauen. Über der wir dann endgültig einschliefen, von maulenden Vätern ins Bett gehievt und von breit grinsenden Müttern umgezogen und zur Nacht geküsst.

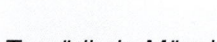

Tragödie in München

Es sollten unbeschwerte Spiele werden, die die Jugend der Welt ab dem 26. August 1972 in die neue Olympiastadt München führten, doch es kam ganz anders. Am 5. September, kurz nach 4 Uhr nachts, stürmte das palästinensische Terrorkommando „Schwarzer September" das Quartier der israelischen Athleten, ermordete zwei von ihnen und nahm neun Sportler als Geiseln. Die Terroristen forderten die Freilassung von 232 in Israel inhaftierten palästinensischen Gefangenen. Bei der sich anschließenden nächtlichen Befreiungsaktion durch ungenügend ausgebildete und schlecht informierte bayerische Polizisten, die am Militärflughafen Fürstenfeldbruck stattfand, kam es zum schlimmsten Debakel der Geschichte bundesdeutschen Krisenmanagements: alle Geiseln, ein Polizeibeamter sowie fünf der acht Terroristen wurden im Kugelhagel getötet. Bis heute ist ungeklärt, ob einige der israelischen Athleten nicht Opfer der Polizei wurden.

Die Spiele wurden, getreu dem Motto: „The Games must go on", nach einem Trauertag fortgesetzt.

Einer der palästinensischen Geiselnehmer lässt sich auf dem Balkon der israelischen Olympiamannschaft fotografieren.

Laterne, Laterne, Sonnemondundsterne

Besonders lebhaft ging es im Kindergarten Anfang November zu. Plötzlich herrschte eine hektische Betriebsamkeit. Während uns die Kindergärtnerinnen die Geschichte des heiligen Martins erzählten – die uns natürlich beeindruckt hat, und viele von uns wollten es ihm gleichtun (was ging uns schließlich unser Mantel an?!) – begannen wir, eifrig an unserer Laterne zu basteln. Allerdings musste man uns erst einmal erklären, was eine „Laterne" überhaupt ist („Latrene, Lateene, Laterne, was für ein seltsames Wort!").

Kaum geschehen, waren wir jedoch fasziniert von der Idee, zum ersten Mal mit offenem „Licht" hantieren zu dürfen. Wir durften nicht nur, wir mussten sogar. Und nicht nur das: Bei Dunkelheit wurden wir gar von unseren Müttern vor die Tür gejagt. Dort trafen wir auf einen Haufen ebenfalls dick eingemummter Altersgenossen, die, leicht irritiert wie wir, „Laterne, Laterne, Sonnemondundsterne" sangen und um die Häuser zogen. Die älteren Kinder übten heimlich den Klassiker: „Martinus Luther war ein Christ / Ein glaubensstarker Mann / Wenn du mir keine Bonbons gibst / Zünd' ich dein Häuslein an!" Allerdings verfielen sie aus Angst um das angekündigte Naschwerk meist doch wieder in den Originaltext.

Und man musste ja auch so sehr auf die Laterne achtgeben! Schließlich gab es randalierende kleine Zeitgenossen, die versuchten, sie so unauffällig wie möglich zu treten und zum Erlöschen oder gar zum Abfackeln zu bringen (das versprach die „Höchstpunktzahl" in internen Wettbewerben). Es herrschte das St.-Florians-Prinzip: Am Ende des Tages war man froh, wenn's einen nicht selbst getroffen hatte.

O bella Italia!

Alle fuhren wir in den Süden, zu einer Zeit, die bald „Große Ferien" heißen sollte. Schon Tage vor dem Ereignis packten die Mütter in einer Gefühlsaufwallung zwischen Hektik, Panik und Hysterie die Koffer für die ganze Familie. Und da wir uns nicht immer zwischen ihren Beinen aufhalten sollten, wurden wir rausgeschickt zum Spielen, mit genug Geld versehen, um auf eigene Faust ein Eis kaufen zu können.

Der letzte Abend fand dann auch die Väter in derselben Gefühlsaufwallung. Sie tankten voll, schauten nach Öl und Bremsflüssigkeit – schließlich ging es über die Alpen –, sie zurrten die prallen, längst kugelförmigen Koffer fest und stritten sich mit unseren Müttern darüber, was noch alles mitmüsse und was nun gar nicht mehr ins Auto passe.

Wir waren wieder zwischen ihren Beinen, aber Geld für ein Eis gab's jetzt keines mehr. Schließlich mussten wir früh raus. Das war meist so früh, dass wir den Übergang vom Schlaf zum Wachsein komplett verschliefen, in den väterlichen Armen ins Auto getragen wurden, festgezurrt wie die Koffer, und nach 200 Kilometern Fahrt quengelnd die nächste Autobahntoilette anstrebten. Dann waren wir in Italien. Alle zur gleichen Zeit. Auch unsere Freunde und Freundinnen. Und nicht selten kam es vor, dass wir sie in derselben Pension in derselben Adriastadt wiedertrafen.

Viel spannender aber war es, auf italienische Kinder zu treffen. Mit ihnen zu spielen, ohne ein Wort zu verstehen von dem, was sie da brabbelten. Was aber auch komplett egal war: die internationale Sprache des Spiels duldete keine Verständigungsprobleme. Und als wir nach drei Wochen aufbrachen, waren meist wir es, nicht die Eltern, die mit einem ganzen Sack italienischer Wörter ausgerüstet in den Herbst gehen würden. Und die wir dann bereitwillig unseren Freundinnen und Freunden schenkten, die „Urlaub in Balkonien" machen mussten.

Camping hob für uns leider nicht alle Tischsitten auf.

Die Ölkrise bescherte Volkswandertage auf der Autobahn.

Vier Tage ohne Auto

Im Herbst 1973 drosselte die Organisation Erdöl exportierender Länder (OPEC) ihre Fördermengen und leitete damit die erste Ölkrise ein. Der Rohöl-Preis erhöhte sich in den Folgemonaten um rund 70%. Die Industriestaaten wurden sich zum ersten Mal bewusst, in welchem Maße sie und ihre Wirtschaft von fossilen Energiequellen abhängig waren.

Dieser „Ölpreisschock" leitete eine Konjunkturkrise ein: Für Deutschland bedeutete dies das Ende des gepriesenen Wirtschaftswunders. Die politische Reaktion blieb nicht aus: An vier Sonntagen im November und Dezember 1973 wurde ein Sonntagsfahrverbot verhängt. Die Autobahnen glichen Geisterbahnen und boten mit einem Male immensen Platz für umherradelnde Kleinfamilien. Es wurde still im Land, das allgegenwärtige Motorendröhnen schwieg 96 Stunden lang. Es gab uns allen, wenn das Verbot auch keinerlei wirtschaftlichen Effekt hatte, das gute Gefühl, aktiv zur Bewältigung der Krise beizutragen.

Vaters Griff am Gepäckträger

Es war eine ausgemachte Sache, dass nach dem Kettcar das Fahrrad kommen musste. Um das zu fahren, sollte man freilich erfolgreich eine Art Schule absolvieren. Hörte man. Zumindest, um es ohne Stützräder zu fahren. Und nur das war erstrebenswert. Trotzdem mussten die kleinen Gleichgewichtshalter erst einmal herhalten. Vorsichtig traten wir in die Pedale, und noch vorsichtiger bewegten wir uns durch die Kurven.

Das Klappern der kleinen Seitenräder auf dem Asphalt wurde für einige Zeit unser treuester Begleiter. Bis Vater beschloss, dass es nun wirklich Zeit werde für das richtige Fahrradfahren. Er hielt das Rad am Gepäckträger, tarierte uns aus, fing uns ab, straßauf, straßab. Ermutigende Worte und viel Angst, und dann, mit einem Mal, dies unvergleichliche Gefühl, als wir merkten, dass Vater längst losgelassen hatte und wir wirklich und wahrhaftig zum ersten Mal das Gleichgewicht hielten, eigenhändig lenkten und selbstständig fuhren. Auch wenn wir, kaum dass wir das festgestellt hatten, durch unsere eigene Courage geängstigt unfreiwillig wieder abstiegen und so manches Knie dabei Schürfungen davontrug: wir hatten es einmal geschafft, wir würden es immer wieder schaffen.

Auch wenn es unser erstes Gefährt war und in schickem Blau daherkam: der Blick zeugt von skeptischer Distanz zum neuen Spielzeug.

Kettcar: ein Versprechen von Freiheit

Unser erstes Gefährt nahmen wir noch ein wenig pflanzenhaft hin. Vater setzte uns aufs Dreirad und schob uns an. Als er des Spiels überdrüssig war, machte er uns klar, dass wir uns selbst damit fortbewegen konnten. Das bereitete uns allerdings weniger Freude, und so wurde aus der Liebe zum Dreirad eine eher kurze Affäre.

Ganz anders sah es dann aber beim Kettcar aus. Wir verdankten es der Firma Kettler aus Ense. Schon im Namen – einer Kombination aus dem Firmennamen, der Kette, mit deren Hilfe das Gerät vorwärts bewegt wurde (und die deshalb immer schön geschmiert werden musste, meist Aufgabe von Opa), und dem englischen Wort „car" – lag ein Versprechen: das der schnellen Fortbewegung durch ein Gefährt, das Papas Auto rasant ähnlich sah. Ja, sogar schnittiger war. Und ein Versprechen von Freiheit: Denn das Kettcar war das Gefährt, mit dem wir erstmals richtig von zu Hause abhauen konnten. Zwar kamen wir damit nicht weiter als die Ameisen, aber doch hatten manche von uns schon einen Mini-Koffer in Zigarrenkistengröße als Survival-Kit dabei. Das hauptsächlich aus Zuckerwasser bestand.

Mit einem Kettcar konnte man einfach alles machen: Man konnte geradeaus fahren, Kurven fahren, Kurven schneiden, aus der Kurve getragen werden, man konnte es als Boxauto benutzen oder einfach nur darin herumsitzen, wenn einem langweilig war. Nur bergab merkten wir bald, dass der Pedal-Freilauf ein Segen gewesen wäre, schließlich wollten wir nicht permanent mittreten. Wir nahmen also die Füße von den Pedalen und ließen den Kleinwagen munter von selbst kurbeln. Und so fanden wir uns unversehens mittendrin in der nächstgelegenen Baugrube.

Das Kettcar war der ideale Ort, um lässig zu lungern. Nicht immer war der Anlass allerdings ein derart aufregender…

Wann beginnt der Ernst des Lebens?

Einschulung: Das ernste Leben mit dem Zaubererhut

Im Alter von sechs Jahren erklärte man uns: Jetzt beginnt der Ernst des Lebens. Und die Väter und Großväter machten dabei ein derart essigsaures Gesicht, dass wir vor Schreck nächtelang kaum schliefen. Dann kam der Tag X. Unsere Mütter steckten uns in bunte Sonntagskleidung, drückten uns einen Zaubererhut, der mit allerlei Kram vollgestopft war, falsch herum in die Hand und schleiften uns hinter sich her auf einen großen Platz. Auf dem sich unzählige ebenso herausgeputzte Jungen und Mädchen befanden, mal mehr, mal weniger verschüchtert.

Anschließend wurden wir fotografiert. Stundenlang. Meist mit gesponserten, entsetzlich schrillfarbenen Kappen oder Kopftüchern. Dabei bekam leider mancher Junge mit modischem Langhaar von den Erwachsenen ein Kopftuch

Chronik

25. April 1974
Der persönliche Referent von Bundeskanzler Willy Brandt, Günter Guillaume, wird als Spion der DDR enttarnt. Am 6. Mai tritt Brandt zurück. Sein Nachfolger wird Helmut Schmidt.

7. Juli 1974
Deutschland wird durch einen überraschenden 2:1- Erfolg über die Niederlande im eigenen Land zum zweiten Mal Fußball-weltmeister.

30. Oktober 1974
„Rumble in the Jungle": Muhammad Ali wird nach einem K.O. gegen George Foreman in Kinshasa (Zaire) Schwergewichtsweltmeister im Boxen.

17. April 1975
Die Hauptstadt von Kambodscha, Phnom Penh, wird von den Roten Khmer unter Guerillaführer Pol Pot eingenommen. Dreizehn Tage später endet der Vietnamkrieg.

20. November 1975
Tod General Francos, Juan Carlos I. wird zwei Tage später König von Spanien.

12. Februar 1976
Der Bundestag verabschiedet ein Reform-gesetz zum Paragraphen 218.

10. Juli 1976
Eine Explosion in einer Chemiefabrik führt zur Dioxin-Katastrophe von Seveso.

9. November 1976
Der chinesische Staatspräsident Mao Zedong stirbt 83-jährig in Peking.

20. Januar 1977
Als 39. Präsident der Vereinigten Staaten von Amerika wird Jimmy Carter vereidigt.

30. Juli 1977
Jürgen Ponto, der Vorstandssprecher der Deutschen Bank, wird in seinem Wohnhaus im Taunus von Mitgliedern der RAF ermordet.

16. August 1977
Elvis Presley stirbt in Memphis an Herz-versagen.

5. Sep. bis 19. Okt. 1977
Ein Kommando der Roten Armee Fraktion entführt und ermordet den deutschen Arbeitgeberpräsidenten Hanns Martin Schleyer.

Der Ernst des Lebens hängt bereits braun und schwer auf den Schultern und spricht aus dem verkniffenen Blick.

verpasst – ein erstes Brandmal für das noch junge Leben. Wir entdeckten, dass die Schultüte, wie der umgedrehte Zaubererhut nun hieß, zum Glück mit lauter essbarem Kram vollgestopft und schon am frühen Nachmittag leer genascht war. Wodurch es rasch zu neuen Freundschaften kam.

In den Ballungszentren trafen wir auf sogenannte „Gastarbeiterkinder". Für viele war es das erste Mal. In den Schulen begann man, gezielt Unterricht gegen Fremdenfeindlichkeit zu halten. Doch gab es bei uns schon Fremden-feindlichkeit? Spätestens beim gemein-samen nachmittäglichen Kicken auf dem Bolzplatz oder beim Mädchentur-nen war es ohnehin nicht mehr wichtig, wessen Eltern woher stammten, son-dern nur noch, wer die schönste Bananenflanke schlug oder bereits auf den Schwebebalken durfte.

7. bis 10. Lebensjahr

Mit Tinte und „Ratzefummel"

Unsere Schulhefte hatten noch Linien, meist vier an der Zahl, zwischen die wir unsere Haken und Schleifchen kritzelten, die Zunge zwischen den Zähnen balancierend, mit angespannten Fingern, die spätestens in der dritten Schulstunde blau von der Tinte waren und ihre Bläue anschließend auf Mund, Nase und Stirn verteilten. Und manchmal sogar ins Ohr.

Der Radiergummi, so hörten wir es von den Drittklässlern, endlos weit über uns stehenden Wesen, die längst in die Geheimnisse des Schullebens eingeweiht waren, heiße eigentlich „Ratzefummel". Und wenn man einen Bleistift an seiner Spitze nur schnell genug zwischen Daumen und Zeigefinger rotieren lasse, sehe er aus, als ob er aus Gummi wäre. Wir übten. Doch den Gummistift schafften wir nicht vor der dritten Klasse.

Dafür bekamen wir allesamt ausgezeichnete Noten in Betragen und Mitarbeit. Wenn die gute Mitarbeit meist auch nur darin bestand, den Unterricht nicht durch zu lautes Gähnen, wie wir es aus dem Kindergarten gewöhnt waren, zu stören.

Die Mode der 70er-Jahre wird bestimmt durch äußerst ausgewogene Farbkombinationen. Das Foto trug hinten übrigens die Information: „Andi ist verliebt in Sylvi". Wer hätte das gedacht?

Mit dem Fernseher auf Du und Du

Das kastenförmige Familienmitglied, das sich auf Fotos gern zwischen die freudestrahlenden Eltern schob, war der Fernseher. Waren wir der erste Fernsehjahrgang? Vielleicht nicht der erste, aber ganz sicher der konsequenteste.

Unaufhörlich sahen wir fern, tagsüber mit Freunden, abends mit den Eltern oder Geschwistern. Fast unaufhörlich, denn Fernsehen bedeutete um die Mitte der 70er-Jahre noch immer: drei Programme und mittelscharfer Antennenempfang (Stecker ziehen bei Gewitter!). Dazu startete das Programm immer erst mitten am Nachmittag und hörte plötzlich zu einer ominösen Zeit wieder auf, die die Fernsehansager „Sendeschluss" nannten. Irgendwann wollten wir einmal erleben, wie er aussieht, dieser Sendeschluss, und was danach eigentlich in diesem Fernsehen passiert. Manche von uns schafften es, sich aus ihren Betten an den schnarchen-

Die Sesamstraße prägte auch unseren Wortschatz.

den Eltern vorbeizuschleichen. Doch der „Sendeschluss" sah aus wie die Übertragung eines Schneegestöbers aus Nordfinnland. Es gingen einfach alle schlafen in diesem Fernsehen, also taten wir es auch wieder. Um eine kleine Illusion ärmer.

Wir sahen also viel fern. Und sahen wir zu viel fern, hörten wir schon einmal dumme Sprüche wie: „Du hast ja schon ganz rechteckige Augen."

Eine Schwalbe und ein Weltmeister

Vom 13. Juni bis 7. Juli 1974 war Deutschland Gastgeber bei der zehnten Fußballweltmeisterschaft. Tip und Tap, die Maskottchen, sollten einen durch und durch verregneten Sommer erleben, der dafür sorgte, dass sogar diejenigen von uns, die keine Lust auf Fußball hatten, kapitulierten und vor dem Fernseher campierten. Nach der Vorrundenniederlage ausgerechnet gegen die DDR gaben die Älteren keinen Pfifferling mehr auf unsere Mannschaft. Und doch schlug sie sich wacker im Prasselregen und zog ein ins Endspiel gegen die haushoch favorisierten Niederländer. Ausgerechnet.

Kaum war das Finale eröffnet, stand es schon 0:1. Neeskens, der agile Mittelfeldspieler des Oranje-Teams, verwandelte einen Strafstoß. Und das,

bevor ein deutscher Spieler den Ball auch nur berührt hatte. „Na großartig!",
fauchte die versammelte Männerriege im Wohnzimmer und schickte uns in den
Keller zum Bierholen. Doch 24 Minuten später jubelten die Bierbewehrten:
Hölzenbein hatte sich spektakulär fallen lassen, erntete für die wohl abgefeim-
teste Schwalbe der Fußballgeschichte seinerseits einen Elfmeter, und Paul
Breitner vollstreckte zum 1:1. Also waren wir erneut im Keller.

Als in der 42. Minute Bonhof mit einem schönen Pass Gerd Müller bediente,
der sich um die eigene Achse drehte und im Nachschuss das 2:1 für Deutschland erzielte, lag bereits neben Bierdunst eine sportliche Sensation in der Luft.
(Wir: im Keller.)

Nach 90 Minuten hieß es dann – ein wenig glücklich, denn die Niederländer
spielten das Spiel ihres Lebens, rannten nur recht unvermögend gegen das
deutsche Tor an – 2:1 für Deutschland. Wir waren Weltmeister. Fortan waren
wir Feuer und Flamme für den Fußball, wir beschlossen, selbst Spieler zu
werden, beackerten unsere bierseligen Väter noch am selben Abend so lange,

bis sie versprachen, uns
nächsten Montag wenigstens
einen Ball zu kaufen. Wir
sprachen die Aufstellung der
Weltmeisterelf lange Jahre wie
ein Gedicht, beschwörend und
raunend: Maier Breitner Berti
Vogts Beckenbauer Schwar-
zenbeck Bonhof Hoeneß
Overath Hölzenbein und Müller
Gerd (Grabowski passte leider
nicht ins Versschema)

Schwalbe oder nicht,
wir waren Weltmeister.

28

Raumschiff Enterprise – Ein Muss für alle

Die Sendung mit der Maus (seit 1971), Die Rappelkiste und Plumpaquatsch (beide ab 1973) begannen wir langsam hinter uns zu lassen. Wir suchten neue Fernseh-Herausforderungen. Bonanza war nur eine davon. Viel lieber zitterten wir mit Wickie und den starken Männern (seit 1974), ob ein sternenbunter Einfall des kleinen Tausendsassas die Wikinger wohlbehalten wieder nach Flake brächte. Wir riefen mit Willi immer ein wenig verzweifelt näselnd nach der Biene Maja (seit 1976) und brüsteten uns damit, Starsky & Hutch (ab 1976) durchs Schlüsselloch gesehen zu haben.

Doch keine unserer Fernseherfahrungen war so einschneidend und forderte unsere Nachspielfantasie so sehr heraus wie Raumschiff Enterprise. Endlich einmal war die ganze Familie vor dem Fernseher versammelt, es wurde sogar von Vätern berichtet, die die Sportschau deswegen hätten sausen lassen. Zwar stand der Mensch bereits mit einem Bein auf dem Mond, aber wer hatte schon die unendlichen Weiten des Weltraums gesehen und je zuvor das Jahr 2200 geschrieben? Kirk, Spock und Scotty wurden Synonyme für die Farben Gelb, Blau und Rot. Verzweifelt bemühten wir uns, uns aus dem bisweilen sterbenslangweiligen Heimatkunde-Unterricht, der nun auch „Sachkunde" hieß, beamen zu lassen, um einmal ein Spocksches „Faszinierend" live hören zu dürfen. Wir versuchten, unsere Mütter dazu zu bewegen, Schlafanzüge zu besorgen, die aussahen wie die Arbeitskleidung auf der Enterprise. Unsere ersten Pyjama-Partys waren in Wahrheit Enterprise-Partys. Aber das verstanden unsere schlecht informierten Eltern einfach nicht. Typisch!

Der richtige Schlafanzug genügte und das Enterprise-Feeling war komplett.

7. bis 10. Lebensjahr

Massendemütigung zum Sport erklärt

Die Bundesjugendspiele. Schon am Abend vor dem großen Ereignis packten unsere Mütter die Turnbeutel, in die kaum mehr hineinpasste als ein halbes Paar Schuhe (geschickt gestapelt hing nur noch eine Sohle heraus) und legten die Trainingsanzüge plan, damit wir sie am nächsten Morgen nicht übersahen. Wir schwammen, wir liefen die Fünfzigmeterbahn entlang, wir sprangen in meist provisorisch eingerichtete Sandkästen oder warfen den Schlagball. Von dem wir im Übrigen nie wussten, warum er so hieß. Schließlich schlugen wir nie darauf herum wie die amerikanischen Kinder, die wir klammheimlich um ihren Nationalsport Baseball beneideten, besonders durch die Kultserie „Die Bären sind los", in der ein alternder Trainer und eine wunderschöne Starspielerin eine hoffnungslose Baseball-Jugendmannschaft gründlich aufmischten.

Für manche von uns wurde der Schlagball aber ohnehin zum Schlafball, und die Bundesjugendspiele gerieten, wollte man sich nicht ganz blamieren vor den anderen Kindern, den älteren Geschwistern und den Lehrern, zur ersten echten Bewährungsprobe für das junge Selbstbewusstsein. Wer eine Siegerurkunde erhielt, war faktisch eine sportliche Niete, da half keine Beschönigung von wegen „Sieger": Und wer gar keine Urkunde erhielt – darüber schweigen wir lieber!

Segen und Fluch des Bonanzarads

Nichts hat unsere Kindheit technisch so sehr revolutioniert wie das Bonanzarad. Vielleicht mit Ausnahme der papiernen Bastelbögen der Micky Maus und den Gimmicks der Zeitschrift Yps, die 1975 zum ersten Mal erschien, und die uns tatsächlich dazu brachte, Urzeitkrebsen bei ihrem eher stillen und unspektakulären Lebensvollzug zuzusehen.

Seine Bezeichnung leitete das Bonanzarad von seiner Herstellerfirma „Bonanza" her. Durch den elegant geschwungenen Fahrradsattel, auch „Bananensattel" genannt, sowie durch einen langen Hirschgeweih-Lenker erhielt es sein auffallendes Erscheinungsbild. Dazu standen die fast winzigen 20"-Räder in einem segensreichen Kontrast. Der Clou des Rades aber war der Schalthebel einer Dreigang-Nabenschaltung, der mittig auf den beiden Ober-

Der Manta einer ganzen Generation.

rohren angebracht war und das Gefühl einer Autoschaltung mit sich brachte. Das Bonanzarad war kein Fahrrad. Es war eine Offenbarung.

Wer noch keines hatte, wollte eines, und wer schon eines hatte, wollte es noch schöner machen. Besonders beliebt waren Mercedessterne, die wir damals eher selten eigenhändig stahlen, Fuchsschwänze, Fußballwimpel und in die Speichen gesteckte Reflektoren oder Bierdeckel. So wurde das Bonanzarad schließlich zum Manta der noch nicht führerscheinberechtigten Jugend.

Lego und Barbie

Die Jahre unserer Kindheit bestanden für uns aus schier unauflösbaren Gegensätzen: Pelikan oder Geha, Gladbach oder Bayern, Barbie oder Petra. Wir mussten uns zum ersten Mal für einen Platz auf der einen oder anderen Seite entscheiden und wir begannen zu verstehen, dass es nicht immer so leicht werden würde im Leben, wenn beide Alternativen so interessant sind.

Barbie & Co.
Gut gebräunt ist halb gewonnen.

Männer mit Muskeln wie Stahl.
Dafür hatten alle keinen Hals.

Die Spielzeugwelt hielt für uns eine reiche Auswahl bereit. Lego kannten wir meist durch unsere älteren Geschwister. Einige hatten eine solche Geläufigkeit im Basteln mit den bunten Steinen erreicht, dass sie Wettbewerbe in der Baubranche veranstalteten.

Gern kombinierten wir unsere Legovillen mit Playmobilfiguren, deren Sortiment einstweilen noch recht eingeschränkt war. Das Höchste war jedoch der Fischer Baukasten. Der Traum schlafloser Nächte derer, die ihn begehrten, und derer, die Angst davor hatten, sich im Spiel damit als komplette Idioten zu outen, weil sie auch nach Stunden nicht der Lage waren ein Gefährt zu konstruieren, das eine Steilwand hochfahren konnte.

Unter den Mädchen kursierte ein wahrer Glaubenskrieg. Es gab solche, die zu Petra neigten, und andere, die Barbie die Treue hielten. Barbie, so wurde behauptet, ist Klasse, denn sie hat ein Auto. Petra hatte nicht nur kein Auto, sondern auch keinen Ken. Kens waren allerdings zu diesem Zeitpunkt im Großen und Ganzen noch ziemlich uninteressant. (Barbies im Umkehrschluss natürlich auch.)

Die Bilder aus dem zerstörten Beirut bleiben unvergesslich.

Krieg im Zeichen der Zeder

Ende April 1975 endete mit der Einnahme Saigons durch kommunistische nordvietnamesische Streitkräfte und der bedingungslosen Kapitulation der südvietnamesischen Regierung einer der grausamsten und am unerbittlichsten geführten Kriege des 20. Jahrhunderts. Doch kaum waren die Schreckensbilder aus dem fernen Osten, die wir täglich im Fernsehen sahen, verblasst, kaum war Vietnam wieder vereint, begann ein entsetzlicher neuer Krieg in unsere Wohnzimmer zu flimmern. Der Libanonkrieg stellte für lange Zeit die Folie unserer Nachrichtenerfahrungen dar, wie bei den fünf bis zehn Jahre älteren der Vietnamkrieg und bei den Jüngeren der Jugoslawien- oder der Golfkrieg. Die Erinnerungen an die Bilder aus dem in Brand geschossenen Beirut, von Häusern, die als dach- und fensterlose Stümpfe in den Taghimmel ragten, werden wir als Urbilder des Kriegs vielleicht für immer in uns tragen.

Der Libanonkrieg, der erst 1991 endete, hinterließ seine Zeit ratlos. Sicher auch deswegen, weil hier zum ersten Mal keine klaren Linien zwischen den verfeindeten Parteien gezogen waren. Es schien, dass irgendwann einmal jeder mit jedem kollaborierte und jeder gegen jeden kämpfte.

Sammelleidenschaft oder: Sammeln schafft Leiden

In den Phasen, in denen wir vom stofflichen Spiel genug hatten, stürzten wir uns auf Quartette. Sie wurden rasch zum begehrten Sammelobjekt. Manche spezialisierten sich auf Panzer, andere auf Flugzeuge, auf Autos oder Schiffe. Sogar Quartette mit den „Galoppern des Jahres", eines Pferderennen-Preises,

Bremen – Dortmund: Außenstürmer Reinders setzt sich hier gegen Votava und Hein durch. Reinders verschießt danach einen Elfmeter.

HSV – Bayern: Kopfball-Spezialist Hrubesch umkurvt nach einem Täuschungsmanöver einen Münchner Abwehrspieler.

der von der ARD Sportschau verliehen wurde, wurden gesichtet, und nicht nur bei den Mädchen. Die Fragen waren immer die gleichen, und doch erschien das Spiel immer wieder neu: Welcher Panzerkreuzer hat das dickste Rohr? Welcher Traktor die höchste Abgasentwicklung? Welches Feuerwehrauto pumpt das meiste Wasser? Wer punktete, bekam eine Karte vom Unterlegenen. Im Grunde haben wir das Quartettspiel vollkommen zweckentfremdet – und ihm damit zum ersten Mal in seiner Geschichte einen echten Spielwert hinzugefügt.

Die größte Sammelleidenschaft, sowohl bei Mädchen als auch bei Jungen, erweckten aber die Fußballbilder und -alben. Während man früher Unmengen von Cornflakes und Semmelknödeln essen musste, um an die begehrten Klebebilder heranzukommen, gab es die Sammelbildchen seit den mittleren 70er-Jahren im Fünferpack zu 50 Pfennig. Kaum zu beschreiben das Gefühl, wenn wir unsere Packung aus den Händen eines Zeitschriftenhändlers entgegengenommen und mit zitternden Händen aufgerissen hatten, und schon beim ersten Überfliegen des Bestands erkannten, dass diesmal wirklich die seltensten der seltenen Bilder dabei waren. Welch Jubel, wenn wir der Komplettierung unseres Albums einen kleinen Schritt nähergekommen waren und im großen Spieler-Starschnitt nun schon Hände, Füße und das rechte Ohr von Sepp Maier zum Vorschein kamen. Meist jedoch zog man die Packungen mit den häufig wiederkehrenden Nieten und schwor sich: „Wenn ich jetzt noch einmal das blöde Vereinswappen von Ajax Amsterdam bekomme, dann ... dann ..."

Auf dem Trimm-Dich-Pfad.

Ein Herbst in Deutschland

Wenn wir 1977 neben unserer Mutter herschlendernd ein Postamt oder eine Bank betraten, blickten uns dort von riesigen neuen Plakaten, deren Design bereits schreckenerregend war, schlecht rasierte männliche und herbe weibliche Gesichter entgegen. Wir waren neun Jahre alt, es war schwer einzuschätzen, welche Art Bedrohung von diesen Brillen, Schnurrbärten und zauseligen langen Haaren ausging. Man hoffte: für uns gar keine, das betonten zumindest die Eltern. Doch dass tatsächlich eine von ihnen ausging, wurde einem spätestens bewusst, wenn die Familienkutsche bei einem Sonntagsausflug auf einer Fernstraße von der Polizei herausgewunken wurde und zwei halbvermummte Polizisten mit vorgehaltener Maschinenpistole forsch den Wagen mitsamt Inhalt kontrollierten.

Es war nicht nur die erste Idee davon, was ein „Polizeistaat", vor dem im Fernsehen so oft gewarnt wurde, sein könnte. Wir verstanden auch, dass diese Polizisten einen Grund hatten, sich derart zu schützen und nervös zu sein. Die Idee, dass es sich bei den Aktivisten der Roten Armee Fraktion im Großen und Ganzen um fehlgeleitete spätpubertierende Revolverhelden handelte, die wie wir mit ihren Waffen spielten, nur dass unsere nicht mit scharfer Munition bestückt waren, war nach den massiven Anschlägen dieser Tage noch nicht zu verstehen. Es dauerte fast 20 Jahre, bis der „Deutsche Herbst" politisch und künstlerisch erstmals bewältigt wurde.

Die berühmt-berüchtigten RAF-Fahndungsplakate hingen an jedem öffentlichen Ort.

Deutscher Herbst

1970 gründeten Andreas Baader, Gudrun Ensslin und Ulrike Meinhof die Rote Armee Fraktion (RAF), eine linksextreme Untergrundorganisation. Nach dem Vorbild südamerikanischer Widerstandskämpfer strebte die RAF einen bewaffneten Befreiungskampf gegen den „herrschenden kapitalistischen Staat" an. Nachdem führende RAF-Mitglieder verhaftet wurden, eskalierte 1977 die Auseinandersetzung. Nach tödlichen Attentaten auf Generalbundesanwalt Siegfried Buback und Jürgen Ponto, den Vorstandssprecher der Dresdner Bank, versuchte die RAF durch die Entführung des Arbeitgeberpräsidenten Hanns-Martin Schleyer und des Lufthansa-Flugzeugs „Landshut" im Herbst 1977 ihre Führungsriege freizupressen. Doch der Staat zeigte sich unnachgiebig. Das Flugzeug wurde in einem spektakulären Antiterror-Akt befreit, die RAF-Führer begingen in der Haft im Hochsicherheitstrakt der Justizvollzugsanstalt Stuttgart-Stammheim Selbstmord. Als Racheaktion erschoss die RAF Schleyer.

Der Ernst des Lebens und kein Ende abzusehen

Inzwischen waren wir die Großen an unserer Schule und erläuterten den Erstklässlern, endlos tief unter uns stehenden Wesen, die Geheimnisse des Schullebens zwischen „Ratzefummeln" und den neu aufkommenden Tintenkillern mit Korrekturspitze. Bald aber sollte dieser genießenswerte Zustand ein Ende haben und wir sollten an weiterführende Schulen verwiesen werden.

Hauptschule, Realschule oder Gymnasium, und dort, so erläuterte uns die Lehrerin mit spitzem Mund, würde man uns schon zurechtschrauben, wenn wir aufsässig wären. Denn da wären wir wieder die Kleinen und müssten uns in Fächern wie Erdkunde, Geschichte, Physik oder Chemie bewähren, die wie in der Ferne sich auftürmende Bergmassive drohten. Wieder einmal Ernst des Lebens, hin und zurück. Wir ließen es auf uns zukommen, schnüffelten unverändert an den vervielfältigten Blättern aus dem Sachkundeunterricht, deren Schrift blassblau war, die angenehm nach Nüssen rochen und verklausuliert „Matrizen" genannt wurden.

Wir bestellten Milch und Kakao in kleinen Papp-Pyramiden einen ganzen Monat im Voraus. In der Pause standen wir Schlange, einander (oder bevorzugt: die Kleinen) anrempelnd, um sie von einem schlecht gelaunten Hausmeister oder seiner Frau, die Unterarme hatte wie Kinderköpfe, entgegenzunehmen, und sie mit einem Strohhalm, den wir später „knallen" ließen, auf drei Schluck auszutrinken. Wir ließen es auf uns zukommen.

Progressiv: Overhead-Projektoren und Schüler, die in Sportbekleidung den Unterricht übernehmen.

Zerrissene Hosen, zerschundene Knie

Die Schmach von Córdoba

Vor dem Schulbeginn im Sommer 1978, der unsere gewachsenen Klassenverbände auseinanderreißen sollte, wollten wir noch rasch Weltmeister werden. Wir waren es ja schon seit 1974, und niemand zweifelte daran, dass es nach dem überwältigenden Plattenerfolg „Buenos dias, Argentina", der den Österreicher Udo Jürgens und die deutsche Nationalmannschaft gesanglich fest zusammenschweißte, auch einen sportlichen geben würde. Doch die Fußball-Weltmeisterschaft in Argentinien ließ sich zäh an. Nach zwei 0:0 in der Vorrunde, unter anderem auch gegen den Fußballzwerg Tunesien, zog Deutschland mit Mühe in die Zwischenrunde ein. Auch die begann mit zwei Unentschieden. Das alles entscheidende Spiel, das über den Einzug in eines der beiden Finals entscheiden sollte, war das gegen Österreich. Da Österreicher ja bereits mit uns sangen,

Chronik

Das Ende der Grundschule. So kamen wir nie wieder zusammen.

26. Juli 1978
Das erste Retortenbaby wird geboren.

6. August 1978
Das sogenannte „Dreipäpstejahr" beginnt. Nach dem Tod von Papst Paul VI. wird Albino Luciani (Johannes Paul I.) am 26. August zum Papst gewählt. Er stirbt nach nur 33 Tagen im Amt. Karol Wojtyla (Johannes Paul II.) wird am 16. Oktober sein Nachfolger.

29. Dezember 1978
Chaos in Norddeutschland nach heftigen Schneefällen und Temperaturen um die minus 20 Grad.

28. März 1979
Erster schwerer Atomkraft-Unfall auf Three Mile Island bei Harrisburg in den USA.

1. April 1979
Nach kurzer revolutionärer Periode ruft Ayatollah Khomeini die Islamische Republik Iran aus.

12. Dezember 1979
Verabschiedung des NATO-Doppelbeschlusses zur Nachrüstung von Atomwaffen in Europa.

Dezember 1979
Die sowjetische Invasion in Afghanistan beginnt. Sie sollte eine Million Tote und fünf Millionen afghanische Flüchtlinge fordern.

4. Mai 1980
Josip Broz Tito, jugoslawischer Politiker, Ministerpräsident und Staatspräsident, stirbt 88-jährig in Ljubljana.

9. Juli bis 3. August 1980
Die 22. Olympischen Sommerspiele finden in Moskau statt. Westliche Staaten boykottieren sie wegen des sowjetischen Einmarsches in Afghanistan.

20. Januar 1981
Der Republikaner Ronald Reagan wird als 40. Präsident der USA vereidigt.

29. Juli 1981
„Traumhochzeit" von Prinz Charles und Lady Diana Spencer (Prinzessin Diana).

13. Dezember 1981
Polens neuer Partei- und Staatschef Wojciech Jaruzelski verhängt das Kriegsrecht. Die Gewerkschaft Solidarnosc („Solidarität") wird verboten.

stand einem Erfolg nichts im Wege. Wir trafen uns um 13:45 Uhr in Kleingrüppchen bei dem Kumpel, dessen Eltern den neuesten und größten Fernseher hatten. Wir bejubelten das 1:0 durch Rummenigge, schüttelten den Kopf über Vogts' Eigentor, waren zum ersten Mal beunruhigt über Krankls 2:1, schrieen uns die Kehle aus dem Leib bei Hölzenbeins direktem Gegentor, und waren wie vom Donner gerührt, als Krankl zwei Minuten vor Schluss das 3:2 für Österreich markierte. Eisiges Schweigen.

Als das Spiel aus war, beherrschte eine Mischung aus Fassungslosigkeit und Ohnmacht das Zimmer. Wir schwangen noch einige leise Minuten lang unsere aus Papier und Strohhalmen selbst gebastelten schwarzrotgoldenen Fähnchen und weinten. Dann konzentrierten wir uns auf den Heimweg, das neue Schuljahr und die neue Schule.

Die Würfel
fallen wieder

Die zweite Einschulung, die
in die sogenannte „weiterführende Schule", folgte auf dem Fuße. Nur dass
diesmal die Belohnung in Form von Leckereien aus einer Schultüte fehlte.
Wohin diese Schule „weiter" führte, war denen am deutlichsten, deren endlose
Anfahrtswege nun einen wesentlichen Teil des Schulalltags ausmachten. Als
wir in der Aula standen und auf die Neuverteilung der Klassen warteten,
beneideten wir heimlich die Gesamtschüler, die sich erst in einigen Jahren mit
dieser unerfreulichen Regelung herumschlagen müssten. Das Herz klopfte bis
zum Hals. Natürlich hoffte man, mit möglichst vielen Freunden aus der Grundschule in eine Klasse zu kommen. Und wieder wurden erst einmal Reden
gehalten, und die Folter, auf die man uns spannte, wurde hart und härter.
   Die neu zusammengewürfelten Klassenverbände brauchten nur wenige Tage
oder Wochen, bis sie sich erstmals zusammengerauft hatten. Wobei das Wort
„raufen" hier tatsächlich eine überragende Rolle spielte und nicht im übertrage-
nen Sinn verwendet sein soll. Klar überlegen war, wer bereits
Judo-Unterricht hatte – gegen Ende der 70er eine in den Städten
modische Sportart – oder im Ringverein schwitzte, was eher auf
dem Land beliebt war. Vor allem
als Mädchen, denn die waren nicht
nur größer, sondern auch mutiger.

Slime war unser Liebstes. Selbst wenn
der Spielzweck ein wenig eingeschränkt war: Man musste ihn einfach
lieb haben, den grünen Schleim.

Der Zauberwürfel und seine
komplizierte dritte Ebene

Im Tipp-Kick-Stadion

Lange erfreuten sich Outdoor-Spiele, wie man heute sagen würde, einer
gewissen Beliebtheit. Softball-Tennis spielten Stadtkinder bei Wind und Wetter
und warteten darauf, dass sich der Ball in den Straßenpfützen mit Schmutz-
wasser vollsog, um anschließend einen echten Schmetterer mit Klatscheffekt
zu erzielen, der unser Gegenüber in eine vollkommen braune Sauce tauchte.
Auf dem Land waren Frisbee-Scheiben, für die man große Wiesen brauchte,
der Garant für einen Bärenhunger zum Abendessen. Denn auch die präzises-
ten Werfer sorgten noch immer für ordentlich Bewegung. Unsere Rollschuhe
besaßen dicke Rollen aus Polyurethan und hießen „Rollerblades". Das Gefähr-
lichste an ihnen waren die Stopper, die, im Gegensatz zu den heutigen Inli-
nern, vorn angebracht waren. Um anzuhalten, musste man sich erst einmal
tänzerisch um die eigene Achse drehen. Eine solche Pirouette endete allerdings meist in einer zerrissenen Hose und zerschundenen Knien.

Den anschließend von den Eltern verhängten Stubenarrest verbrachten die
Jungs damit, Tipp-Kick zu spielen, die vielleicht schönste Fußballsimulation der
Welt, die es bereits seit den 20er-Jahren gab. Das Spielfeld bestand aus einer
grünen Matte und zwei Toren, um die herum wir eine Pappmaschee-Arena
bauten. Gespielt wurde mit zwei Torhütern, zwei beliebig positionierbaren
Feldspielern sowie einem zweifarbigen, zwölfeckigen Ball, den wir ein wenig
anschliffen, um seine Lauffähigkeit zu erhöhen. Wir spielten an langen Nach-
mittagen ganze Meisterschaften aus, Mann gegen Mann. Der dritte in unserer
Runde war Kommentator („Willkommen zu diesem heißen Fußballnachmittag
im Tipp-Kick-Stadion, in dem sich in den nächsten zehn Minuten Eintracht

Braunschweig und der MSV Duis-
burg gegenüberstehen!"). Oder er
war dafür zuständig, nach dem Spiel
die aktuelle Tabelle zu errechnen.
Bei Ergebnissen von 13:7 oder
11:11 keine kleine Herausforderung.

Tipp-Kick war definitiv die Nr.1!

Echte Jungs lesen Comics

Auf Disney-Comics schworen wir schon zu Zeiten, als Carl Barks, der geistige Vater von Donald Duck, noch nicht „Kult" war, seine Ente sich vielmehr dem Argument ausgesetzt sah, die Jugend sprachlich zu verdummen. „Zack!", „Peng!", „Kawumm!" und „Zosch!!!!!", so viele Ausrufezeichen am Stück sah man in gedruckter Form ansonsten nie!!! Dafür, dass Donald Duck entgegen aller Unkenrufe ebenso bildungsträchtig wie Asterix wurde, der einzigen Comic-Serie, die sogar in Schulen auslag (wenn auch nur in Französisch oder Latein), sorgte Dr. Erika Fuchs. Sie war Chefredakteurin des Ehapa-Verlags, in dem die Zeitschrift „Micky Maus" erschien, und Erfinderin von Bonmots wie: „Dem Ingenieur ist nichts zu schwör".

Wir liebten es, wenn historische und literarische Stoffe mit Donald in der Hauptrolle „nachgespielt" wurden. Ob nun als königlicher Musketier d'Artagnan oder als Cyrano de Bergerac. Der „unlucky loser" machte immer eine tragikomische Figur.

Comics prägten unsere Lektüre zwischen zehn und vierzehn. Besonders die der Jungs. Die Hefte der Superhelden Superman, Batman und Spiderman tauschten wir bald gegen das Magazin „Zack", in dem frankobelgische Comic-serien wie Michel Vaillant, Lucky Luke oder Rick Master versammelt waren.

So stellten wir uns das vor: ein großartiges Labor in der eigenen Wohnung.

„Der kleine Prinz", bei allen Mädchen auf dem Nachttisch zu finden.

Als wir fast schon zu alt für Comics waren, bestimmte noch einmal das Anarcho-Magazin „Mad" unseren Humor.

Doch die Mädchen, in allem einen Schritt weiter, lasen längst „richtige" Bücher. Die Geschichten von Hanni und Nanni aus dem Internat oder die Romane um die „Fünf Freunde" George, Julius, Richard, Anne und Timmy, den Hund, beide aus der Feder der britischen Schriftstellerin Enid Blyton, wurden zu Welten, in die einzutauchen – mit Vanilletee und Butterkeksen versehen – uns ganze Wochenenden faszinierte. Mit Michael Endes „Unendlicher Geschichte" stießen wir schließlich in Bereiche anspruchsorientierter und ernsterer Lektüre vor. Von hier war es nur noch ein kleiner Schritt zum „Kleinen Prinzen" des französischen Fliegersofties Antoine de St. Exupéry.

Der Samtanzug war ein Muss. Aber die Konfirmation bedeutete auch, dass man von jetzt an über seinen Haarschnitt einen Tick mitreden konnte.

Aufnahme in den Kreis der Erwachsenen

Die Katholiken hatten ihr Initiationsritual bereits mit der Kommunion hinter sich gebracht. Die erste Berührung mit dem Leib Christi stand für die kleinen Protestanten vom Jahrgang 1968 noch aus.

Wer das Glück hatte, in einer liberalen Gemeinde aufzuwachsen, womöglich gar bei einer alternativen Pastorin unterzukommen, erlebte in der Konfirmandenzeit Kameradschaft und gute Gespräche über die wirklich wichtigen Dinge des pubertären Lebens. So oder so, die Tatsache, dass man reich beschenkt wurde – bei uns meist schon mit Geld: „Was weiß ich denn, was der/die Kleine sich wünscht?!" –, erhöhte unseren religiösen Eifer beträchtlich. Besonders

11. bis 14. Lebensjahr

Die Polaroid-Kamera erlaubte erstmals, den Schund, den man soeben fotografiert hatte, binnen weniger Minuten zu betrachten. Bei den Motiven musste man also nicht mehr allzu wählerisch sein.

beliebt war in diesen Jahren die Stereokompaktanlage, die man sich jetzt endlich leisten konnte. Plattenspieler, Kassettenteil und Radio in einem. Garant dafür, dass die Musikmitschnitte aus dem Radio künftig noch besser wurden. Wenig später wurde man für deren Anschaffung bereits verlacht. Gab nur ein Bauteil den Geist auf, musste gleich die ganze Anlage zur Reparatur und das Gejammer war groß. Und die wirklich Coolen unter uns hatten längst verstanden, dass Musikanlagen, die aus verschiedenen Komponenten bestanden, für Jahre hinaus das Ansehen mindestens ebenso steigerten wie wenige Zeit später das richtige Mofa.

A star is born

In den 70er-Jahren entwickelte sich das Computer- oder Telespiel, wie es in seinen Anfängen hieß, zum interaktiven Kassenschlager. Die ersten Spielekonsolen schloss man an Fernsehgeräte an und spielte mit einem weißen Quadrat als Ball und einem Strich am Bildrand rechts und links ein knubbeliges Tischtennis, „Pong" genannt. In den frühen 80er-Jahren entwickelte die Firma Arcade das Telespiel weiter, sodass es auf den ersten Homecomputern lief. Spielfiguren wie

Super Mario und Sonic der Igel prägten das Erscheinungsbild, bevor Defender, Pacman und Frogger eine ganze Jugend in ihren Bann schlugen.

Volle Beherrschung des Joysticks garantierte den Telespiel-Erfolg.

Nicht ohne meinen Walkman.

Von der Maxisingle zum Walkman

Wir begannen im Rahmen unseres Taschengelds (in seltenen, wichtigen Fällen auch darüber hinaus) Schallplatten zu sammeln, besonders Sonderpressungen mit bedrucktem oder farbigem Vinyl. Die Plattenindustrie setzte auf die Maxi-Single, ausgedehnte Songversionen, die nicht selten zehn bis fünfzehn Minuten lang waren und besonders in Diskotheken ausgiebig gespielt wurden. Parallel dazu läutete Sonys Unterhaltungselektronik zum Sturm auf die Kinder- und Jugendzimmer: Das neue portable Medium, der Walkman, war geboren. Er erlaubte es, die Musikkassetten überall abzuspielen und sich in eine Welt schöner Dauerberieselung zurückzuziehen. Entsprechend verkaufte er sich millionenfach.

Sport ist Mode ist Sport

Zu Zeiten, als clearasilresistente Pickel und Zahnspangen, mit denen reinkarnierte mittelalterliche Folterknechte die physisch-psychische Belastbarkeit einer ganzen Generation auszuloten sich anschickten, unsere Gesichtshälften zierten, sahen wir uns in die Pflicht genommen, wenigstens den Rest unseres Körpers modisch auf Vordermann zu bringen. Sport und Mode waren seit Anfang der 80er nicht mehr voneinander zu trennen. Wir waren eine Turnschuhgeneration. Selbst die Warnungen vor drohenden Plattfüßen und Rückenschäden haben uns nicht schrecken können. Was gingen uns damals unsere Füße an? Viel interessanter war doch die Frage, wie man günstig an die angesagtesten Schuhe von Adidas oder Puma kam. Die Mädchen, die man in der Pferde-Ära willkommen heißen durfte,

Björn Borg war nicht nur unser Sport-Idol.

Die Mode, Pullis mit dem Emblem einer drittklassigen amerikanischen Hochschule zu schmücken, war von kurzer Dauer, aber ungeheuer subtil.

gaben darauf acht, auf dem Rücken des Tiers mit Nicki-Pullovern oder den modisch eher kurzlebigen „University-of-irgendwo-in-Amerika"-Sweatshirts eine gute Figur zu machen.

Björn Borg war der Sportheros dieser Tage. Nicht nur dass er fünfmal Wimbledon gewann, er sah auch gut aus dabei. Borg prägte die Mode entscheidend mit: halblanges Haar, Schweiß- und Stirnbänder, möglichst grellbunt. Die Farbkombinationen der 70er machten vor Augenkrebs ja gewiss nicht Halt.

Krieg in den Sternen

Das Kino stand zu Beginn der 80er-Jahre durch das neue Medium Video kurz vor seinem Untergang. An uns lag es nicht. Kino wurde zu einer neuen Erlebniswelt, die wir uns nun auch in der Clique erschließen konnten, ohne die lästigen Eltern an der Seite. Die Trilogie „Krieg der Sterne", deren erster Teil bereits 1977 in die Kinos kam, war Pflichtprogramm, um in der Schule überhaupt mitreden zu können.

Die Mädchen sahen „Grease" mit Olivia Newton-John und John Travolta in den Hauptrollen. Die Jungs bevorzugten

Filme, in die sie sich einschlichen, weil die Freigabe meist erst ab 16 Jahren war, besonders die Belmondo-Klassiker „Der Greifer" und „Der Profi". „Apocalypse Now", „Alien 1" (beide 1979), „Shining" (1980) sahen wir meist erst auf Video. Frei zugänglich waren dagegen die Filme mit Bud Spencer und Terrence Hill („Für jeden Flegel einen Kegel" – rawumms! und wieder wurde eine Viertelstunde ohne Unterlass geprügelt) sowie Mike Krüger und Thomas Gottschalk, den Albtraumpaaren einer ganzen Generation.

Der unerreichte Alec Guinness als Obi-Wan Kenobi.

Bud Spencer in Ausübung seines Jobs.

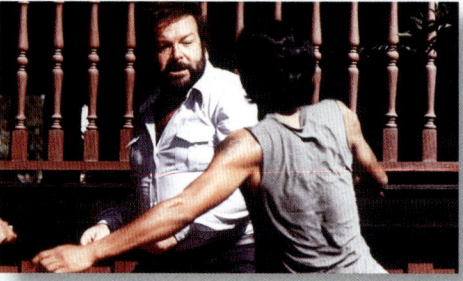

E ist gut: Hausmusik der etwas anderen Art

Hobbyrocker schlugen unbarmherzig zu. Wir gründeten unsere ersten eigenen Bands. Den Bandnamen hatten wir meist, auch die Verteilung der Instrumente war abgemacht, wenn auch mancher von uns „sein" Instrument noch nie zuvor in Händen gehalten hatte („Wird schon klappen, spiel immer E, E ist gut!"). Nur Songs hatten wir keine, aber dafür eine klare Idee, dass es musikalisch unbedingt in Richtung Queen gehen müsste. Oder Deep Purple. Aber vielleicht auch Sweet. Oder doch Genesis? Je nachdem, was die große Schwester oder der große Bruder im Moment lieber mochten. Und wenn es nicht gerade Hannes Wader oder Franz-Josef Degenhardt waren.

Auch auf dem Land wurde musiziert. Häufig war hier die Kirmes die einzige Abwechslung der unmotorisierten Jugend. Doch die Betreiber der Fahrge-schäfte sorgten dafür, dass man wenigstens die aktuellen Charts hören konnte: „Save me, take me away from the moonlight" als Hintergrundmusik für wilde Duelle mit Boxautos oder für die Kunst, das andere Geschlecht „richtig anzuma-chen". Nichts ging ohne Musik. Zumindest nichts, was uns dauerhaft faszinierte.

Das Zentrum nicht nur der musikalischen Kultur war Ende der 70er-Jahre Berlin. Dort gingen David Bowie und Iggy Pop ihrem wichtigsten Hobby nach,

Kein Familienfest ohne Bontempi-Orgel. Meist stand sie jedoch verwaist, sehr zur Freude der Gäste.

dem Konsum von Drogen. Neue Szenen entstanden in der angesagtesten Stadt Deutschlands, ja Europas. Die Älteren raunten, man müsse „Wir Kinder vom Bahnhof Zoo" lesen, und natürlich auch hören („Heroes"). Meist verstanden wir allerdings noch nicht, worum es dabei ging. Selbst bis zur ersten Zigarette war es noch ein langer Weg. Zudem war für uns Pubertierende aus Westdeutschland Berlin weit und kaum vorstellbar. Schließlich musste man durch eine DDR, und die hatte einen Todesstreifen. Und wie man durch etwas, das „Todesstreifen" hieß, lebend gelangen sollte, blieb uns schleierhaft.

The Clash: Motorisiert, dabei musikalisch einmalig zwischen Punk und New Wave pendelnd.

New Wave und „NDW"

„Dadada, ich lieb dich nicht, du liebst mich nicht." In wenigen Worten alles gesagt. Die Zeiten der geschwätzigen Glam- oder Art-Rock-Bands waren vorbei, als Trio mit ihrem unnachahmlich schlechten (also schon wieder guten) Klicksound des Drumcomputers die Charts stürmten.

Supertramp, Deep Purple, ACDC, Kiss und Rainbow hießen die beherrschenden Bands des alten Zeitalters. 1979 begann der Siegeszug des New Wave. Postwendend folgte die „Neue deutsche Welle" (NDW), wobei New Wave und NDW ungefähr so viel miteinander zu tun hatten wie Wal mit Fisch. Die Bands hießen Boomtown Rats, XTC, The Jam, The Clash, The Stranglers, Dead Kennedys, der Übergang in Richtung Punk war fließend. Und wie der Punk verstand sich der New Wave als politische Bewegung, die dem konservativen gesellschaftlichen „Rollback" („Zurückdrehen") die Stirn bieten wollte, der seit Ende der 70er-Jahre zunächst die USA, dann immer stärker auch Europa beherrschte.

Der Wald stirbt

Gegen den Nato-Doppelbeschluss, der die Nachrüstung von Atomwaffen auf deutschem Boden vorantrieb, formierte sich Ende der 70er-Jahre eine tatkräftige Bürgerbewegung. Man demonstrierte, protestierte, revolutionierte oder besetzte Kasernenzufahrten. Teile dieser Friedensbewegung, die unter dem Motto: „Lieber der Sohn von Frankenstein als der Enkel von Adenauer" nur wenig später ein Zitat von Helmut Kohl parodierten (der sich liebend gern zum Enkel Adenauers stilisierte), schlossen sich mit der Anti-Atomkraftbewegung zusammen. Am 31. Januar 1980 wurden die Grünen als neue politische Kraft in Deutschland geboren, damals noch als Grüne Alternative Liste (GAL).

Sie forderten die Politik dazu auf, eine ökologische Kehrtwende zu vollziehen. Der Mensch sollte wieder mehr zum Partner der Natur als zu ihrem Beherrscher werden. Und ihre Ziele sollten nicht lange utopisch bleiben. Vor allem aber war es höchste Zeit dafür. Die Umweltverschmutzung des industriellen Zeitalters war zu einem erschreckenden Grade gediehen. Durch sauren Regen starb in Europa der Wald. Im Fernsehen waren täglich Schreckensmeldungen von vernichteten oder krüppelwüchsigen Baumbeständen im Schwarzwald zu sehen. Waldsterben wurde zum meist gehörten Schlagwort der frühen 80er-Jahre. Es war so beliebt, dass Engländer und Franzosen vorzogen, es nicht zu übersetzen, wodurch es als „le Waldsterben" oder „the Waldsterben" beide Sprachen bereicherte. Freilich im eitlen Glauben, damit zu suggerieren, dass es sich um ein rein deutsches Problem handle.

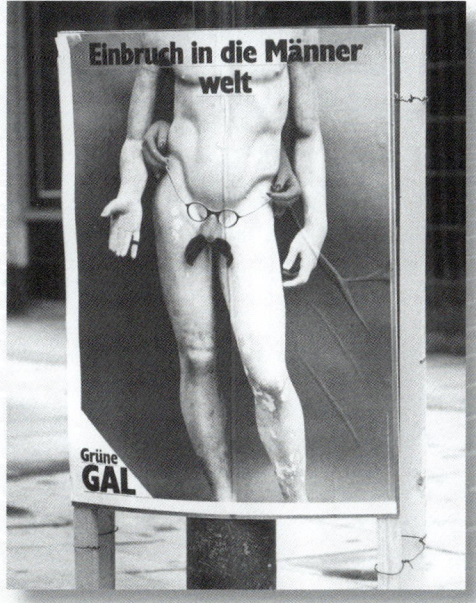

Das Jahr 1980 sah die Geburt der „Grünen".

Das Waldsterben und der Treibhauseffekt waren viel diskutierte Themen.

Neon, Gel und jede Menge schwarzes Leder

Tanz dich frei

Von der Tanzschule über den Aerobic-Kurs zur Sparkassendisco: Kaum hatten wir die erste Phase der Pubertät hinter uns, war es wichtig, das Tanzbein zu schwingen. Die frühen 80er-Jahre brachten einen ungeheuren Aufschwung längst tot geglaubter Rituale. Die Zeitungen berichteten mehr oder weniger schwungvoll von der Wiederkehr der Benimmregeln, die gerade unsere, von der antiautoritären Erziehung gezeichnete Generation, in der Tanzschule lernen sollte.

Also gingen wir in einen Tanzkurs. Die Jungs schoben ihre Tanzpartnerinnen mit zitternden, kalten und feuchten Händen übers polierte Parkett wie umgekehrt. Die Luft roch nach „LouLou" von Cacharel, als wir Walzer, Foxtrott, Samba, und, revolutionärerweise, auch Tango lernten. Nur eines hat nie geklappt: von Benimmregeln – keine Spur. Der Kaugummi blieb im Mund.

Chronik

2. April 1982
Argentinische Truppen besetzen die Falklandinseln, Beginn des Falklandkriegs mit Großbritannien.

1. Oktober 1982
Helmut Kohl wird nach konstruktivem Misstrauensvotum gegen Bundeskanzler Helmut Schmidt neuer Regierungschef.

6. März 1983
Bei vorgezogenen Neuwahlen zum Bundestag wird die CDU/CSU stärkste Fraktion und geht ein Koalitionsbündnis mit der FDP ein. Die Grünen ziehen erstmals in den Bundestag ein.

13. April 1983
Das Bundesverfassungsgericht stoppt die geplante Volkszählung.

1. September 1983
Bildschirmtext (BTX) startet deutschlandweit.

1. Januar 1984
Start des Privatfernsehens in Deutschland.

31. Oktober 1984
Die indische Ministerpräsidentin Indira Gandhi erliegt 67-jährig einem Attentat zweier ihrer Leibgardisten.

3. Dezember 1984
Nach einem Giftgasunfall in der Pestizidfabrik der Union Carbide in Bhopal (Indien) sterben Tausende Menschen.

11. März 1985
Michail Gorbatschow wird neuer Generalsekretär der KPdSU.

29. Mai 1985
Beim Europapokal-Finale zwischen Juventus Turin und Liverpool im Brüsseler Heyselstadion kommt es zur Katastrophe, als englische Fans den gegnerischen Block stürmen. Beim darauf folgenden Einsturz einer Mauer kommen 39 Menschen ums Leben.

7. Juli 1985
Der erst 17-jährige Boris Becker siegt in Wimbledon.

26. April 1986
Reaktorunfall im Kernkraftwerk Tschernobyl. Nach ukrainischen Regierungsangaben sterben in den nächsten zehn Jahren mindestens 120 000 Menschen an den Folgen radioaktiver Verstrahlung.

Offensichtlich griffen die Benimmregeln doch ein ganz klein wenig. Der Tanzschulbesuch war also nicht vergebens.

Und die Hand in der Tasche, sobald sie nicht mehr gebraucht wurde.

Die ersten Diskotheken, in die wir uns wagten, hießen „Colaball", weil es dort noch nichts anderes zu trinken gab, oder auch „Sparkassendisco", weil vor Ort keine andere Bank eine Filiale besaß. Ab und an veranstalteten auch Tanzschulen einen „Abtanzball", bei dem dann eigentlich nur die Mädchen richtig zeigten, was sie abtänzerisch bereits „draufhatten", während die Jungs sich um die Tanzfläche herumdrückten, mit einem stets halb vollen Glas in der Hand und versuchten, cool zu starren.

Das Klackern der Nadeln

Die Mädchen griffen wieder gern zum Strickzeug. Sehr zum Leidwesen der Lehrer, denen nicht nur das Klackern der Nadeln auf die Nerven ging. Hatten sie doch auch das Gefühl, nicht stören zu wollen oder zu sollen bei einer so ernsthaften Beschäftigung. Bisweilen wurden an den Schulen Strickverbote erlassen.

Er war unvermeidlich, und so kam er auch: der Tag, an dem die Jungs sich das erste Mal rasieren mussten. Wenn ihn manche auch herbeigesehnt hatten als Beweis dafür, nun wirklich erwachsen geworden zu sein, so war er für einen Großteil von uns doch von eher flauen Gefühlen in der Magengegend begleitet. Und was war besser: Rasierschaum aus der Dose oder Rasierseife, selbst geschlagen? Doppelklingen? Rasiermesser? Oder doch besser die erwartungsgemäß weniger blutige Trockenrasur? Aber wer war schon bereit, uns für unsere sieben Flaumhaare einen Rasierapparat zu spendieren? Auch wenn es zweifellos eine Investition in die Zukunft gewesen wäre. Wir bluteten voller Überzeugung, sahen nach getaner Arbeit mehr oder weniger glücklich in den Spiegel und verklebten uns das Gesicht mit dicken Pflastern.

Es geht voran!

Vor allem auf dem Land stellte das Erreichen des 15. Lebensjahrs einen immensen technischen Fortschritt dar, berechtigte es doch zum Führen eines Mofas. Unser Jahrgang motorisierte sich. Gern mit der Kreidler Flory des älteren Bruders oder der älteren Schwester, die bereits auf „Achtziger" umgestiegen waren, todschicke

Die gereckte Faust war sein Markenzeichen: Boris Becker.

elegante 80ccm-Mopeds. Auch wir träumten bald von den „Achtzigern", die uns das Aussehen von Motorradstars gaben, die uns erwachsener wirken ließen, allen Gesichtspflastern zum Trotz. Abgesehen davon, dass wir mit ihrer Hilfe nicht mehr auf unsere Eltern angewiesen waren, um ins Jugendhaus zu kommen.

In der Fußball-Bundesliga hielten Exotenteams Einzug: der FC Homburg, der erste Verein, der es wagte, mit Kondom-Werbung aufzulaufen, oder Waldhof Mannheim. Klaus Schlappner, liebevoll „Schlappi" genannt, trainierte seine „Waldhof-Buben". Defensivkünstler mit heute fast vergessenen Namen wie Roland Dickgießer oder Dimitrios Tsionannis, über den Max Merkel einst sagte: „Der kann einen Kasten Bier aus dem Strafraum köpfen." Spieler, die zu jener Zeit gegnerische Stürmer dazu veranlassten, ihre Invaliditätsversicherung vor dem Spiel erhöhen zu lassen. Es wurde gekloppt, geholzt und gemauert. Kein Wunder, dass die Zuschauerzahlen neue Minusrekorde aufwiesen und wir nachhaltig das Interesse an unserem Lieblingssport zu verlieren begannen.

Formel Eins

1983 fuhr der pinkfarbene Studebaker Starlight erstmals in unser Wohnzimmer ein. Dank der Hilfe von Formel Eins wurde aus uns über Nacht die Videoclip-Generation. Das Konzept war denkbar einfach: wo zuvor in „Disco" mit Ilja Richter oder Manfred Sexauers „Musikladen" Künstler noch live auftreten mussten – wenn auch nur Vollplayback –, schickten die Musiklabels ihre Bands nunmehr per aktuellem Videoclip in die Fernsehwelt hinaus. Und die dadurch erzielte Wirkung war spektakulärer als Live-Auftritte es hätten sein können. Waren die Clips anfangs filmisch gesehen eher hölzern, wurden sie binnen kürzester Zeit professionalisiert. Eine Spielwiese für ideenreiche, talentierte Jungregisseure.

Peter Illmann und Ingolf Lück ließen Formel Eins zur Kultsendung werden

Peter Illmann präsentierte die Show, auf die wir uns die ganze Woche freuten, die wir eine ganze Woche in der Schule nachbereiteten. Formel Eins konfrontierte uns mit manch musikalischer Stilrichtung zum ersten Mal: mit dem in den USA aufkommenden Hip Hop mitsamt seinem neuen Ausdruckstanz Breakdance, oder auch mit der düsteren Gothic-Szene. Bis 1990 sendete Formel Eins und wurde zu einem der erfolgreichsten Musikformate des deutschen Fernsehens.

Von Poppern, Punks und Müslis

Aber da war ja noch die Mode, die die junge Nation spaltete wie nie zuvor. An der Kleidung sollt ihr sie erkennen! Die Entdeckung des Haargels ging letztlich auf die „Popper" zurück: nur mit seiner Hilfe kam ihre Föhnfrisur mit Seitenscheitel und glatten kinnlangen Haaren richtig zur Wirkung. Man erkannte Popper an Bundfalten- oder Karottenhosen von Vanilia oder Diesel. Sie trugen weiße Tennissocken, Polohemden von Lacoste und gelbe Pullover von Boss, die sie sich dekorativ um die Schultern legten, wie es Sascha Hehn, der neue Mädchenschwarm, im Fernsehen vormachte.

Die wichtigsten Vertreter der „No-Future-Generation" waren die „Punks". Wie die Popper griffen auch sie zum Haargel – bloß mit einem ganz anderen Ergebnis. Punks trugen schwarz-pink oder schwarz-gelb längsgestreifte Stretchhosen und zerschlissene Pullis, von denen sie die Etiketten heruntertrennten, um so Markenunabhängigkeit zu demonstrieren. Ihre Musik hatte sich inzwischen weiterentwickelt, war längst nicht mehr der stupide Schreigesang mit quietschenden Gitarren.

Punk war eine äußerst lebendige Bewegung.

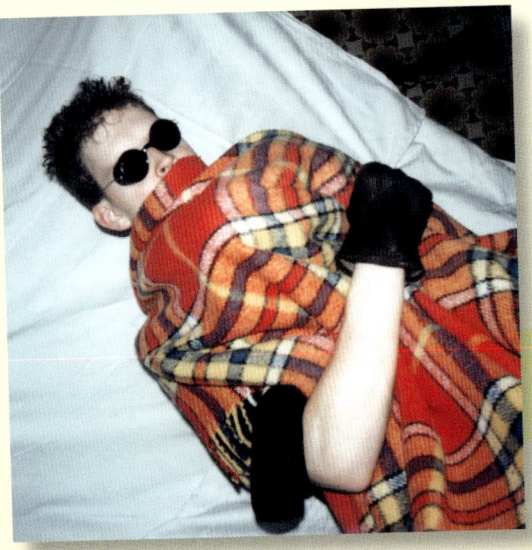

Der in den 80er-Jahren obligate Hang zu Selbststilisierung und dunklen Brillen machte dennoch vor Schmusedecken nicht halt.

Aber noch immer transportierte sie das Lebensgefühl einer von der Politik enttäuschten Jugend, die sich in den gesellschaftlichen Nischen, die ihre Elterngeneration geschaffen hatte, nicht einrichten wollte.

Als Angehörige der Ökobewegung trugen „Müslis" – keine Selbstbezeichnung! – bevorzugt Latzhosen, weiße Fischerhemden und „Jesuslatschen", die nur echt waren, wenn die Sohle Autoreifenprofil hatte. Taschen mit der Aufschrift „Jute statt Plastik" und gesundes Schuhwerk verwiesen auf Grünen-Nähe. Bei den Müslis, so munkelte man, hatten sich weder Haargel noch Deodorant durchsetzen können, weshalb sie sich lediglich untereinander trafen, um bei magenschonenden Cerealien, Wildkirschtee aus der Tonteekanne und Räucherstäbchen die Möglichkeiten einer Zukunft ohne Atomstrom zu diskutieren.

ATOMKRAFT? NEIN DANKE

Aufkleber sorgten für den richtigen politischen Ausdruck.

Reichlich klobig präsentierten sich die ersten Homecomputer.

Learning Basic

Die Computer, die uns durch die Pubertät begleiteten, waren der berühmte Commodore 64 (C64), der Amiga 1000 oder der Sinclair ZX Spektrum. Seit Ende der 70er-Jahre hatte die Prozessortechnik solche Fortschritte gemacht, dass der Heimcomputer Einzug gehalten hatte in unsere Jugendzimmer. Sehr entgegen der Einschätzung des amerikanischen Computerfachmanns Ken Olsen, der 1977 behauptete, es gebe keinen Grund, weshalb irgendjemand einen Computer zu Hause haben sollte. Die Maschinen, die nur 0 und 1 verstanden und in Welten von Bits und Bytes vegetierten, faszinierten nicht allein die Jungs. Die Mädchen schätzten an ihnen vor allem den praktischen Nutzen, denn sie ermöglichten es, schneller und energieschonender als an einer elektromechanischen Schreibmaschine zu arbeiten.

Wir wollten verstehen, was die Bits und Bytes so umtrieb und lernten BASIC, „Beginners All-purpose Symbolic Instruction Code". Eine vergleichsweise unkomplizierte Computersprache, mit der auch der Heimcomputer mühelos zu füttern war. Der erste BASIC-Kurs fand für die meisten von uns wohl auf einem Sinclair Spektrum statt, der Tasten hatte, die sich anfühlten wie Radiergummis. Ein schmeichlerisches Hautgefühl. Anschließend wurde die Datei auf Kassette gespeichert. In einem Tempo, dass man, war man nur musikalisch genug, jedes Bit nachpfeifen konnte. Pech nur, wenn die große Schwester Kassettennotstand hatte und das Programm mit einer Liveaufnahme ihres Lieblingspopstars überspielte. Und irgendwann begann man sich auch enttäuscht zu fragen, wozu das alles gut sein sollte, solange man damit nicht zum Mars fliegen konnte.

Ein kleines BASIC-Programm.
Was es wohl bewirkt?

```
100 A$ = „Ich bin's, dein Computer!"
110 GOSUB 1000
120 PRINT
130 A$ = „In meinem Speicher hat sich
ein Bit verklemmt."
140 GOSUB 1000
150 PRINT
160 A$ = „Dreh mich um und klopf
mir herzhaft auf den Rücken!"
170 GOSUB 1000
180 PRINT
190 END
```

Lebensgefühl in der Lederjacke

Ebenso differenziert wie die Mode war die Musik, die wir gegen Ende der Pubertät brauchten wie das täglich Brot. Es gab echten Heavy Metal und Poser-Metal, eine kommerziellere Spielart, es gab New Wave, New Romantic und Punk. Die einen hörten die

The Cure waren eine der einflussreichsten Bands der 80er-Jahre.

meist englisch und amerikanisch dominierte Hitparade rauf und runter und rannten in die Disco, um auch dort den schon bekannten Titeln wieder und wieder zu lauschen. Die anderen suchten sich mit deutschem Liedgut auszusöhnen. Mit Klaus Schulze oder Grobschnitt. Aber vor allem die auf Kölsch singende Band BAP wurde mit ihren intelligenten Texten identitätsstiftend. Und sorgte dafür, dass wir uns freiwillig auf eine Mundart einließen, von der halb Deutschland zuvor nicht einmal gewusst hatte, dass sie überhaupt existierte.

Doch in den Metropolen Berlin, Hamburg oder München raunte man sich längst Bandnamen zu wie The Cure, Bauhaus, Joy Division oder Cabaret Voltaire. Die Protagonisten wurden „Waver" genannt (von der Musikrichtung Dark Wave, der die meisten dieser Bands sich zugehörig fühlten). Man lebte in den Untergang hinein und inszenierte und zelebrierte den Zerfall, die Nacht, die Selbstzerstörung. Cooler ging's in den 80er-Jahren einfach gar nicht.

Es musste nicht immer Leder sein. Schwarz dagegen war Pflicht, nicht nur für eisigcoole Bandporträts.

Wir politisieren uns

Je mehr wir unserer Volljährigkeit entgegenstrebten, desto stärker politisierten wir uns. Wir lebten in einer durch und durch politischen Zeit. In einer Zeit, in der wir wussten, dass es für die meisten von uns zu wenig Ausbildungsplätze geben würde, und dass diejenigen, die studierten, mit hoher Wahrscheinlichkeit in die Arbeitslosigkeit studierten.

Die Nachrüstung schritt voran und die Bundeshauptstadt in Bonn sah eine Friedensdemo nach der anderen. Der Film „The day after", der 1983 in die Kinos kam und die Situation nach einem Atomwaffenangriff schilderte, war ein Schock. Wir wuchsen auf, wir lebten mit dem Gefühl einer permanenten Bedrohung, saßen wir doch im Herzen Europas wie auf dem Präsentierteller für die Atommächte der Welt. Und der amerikanische Präsident Ronald Reagan, der während einer Mikrofon-Sprechprobe die Bombardierung der Sowjetunion verkündete, war nicht gerade ein Garant für den Frieden.

Klassenfahrten führten die reformierte Oberstufe stets nach Berlin. Und dort natürlich vor die Mauer, die schon an sich ein Politikum war.

Die Reaktorkatastrophe von Tschernobyl ließ
uns skeptisch in die Zukunft sehen.

Am 26. April 1986 fand im Kernkraftwerk Tschernobyl in der Nordukraine
lediglich eine Sicherheitsüberprüfung statt. Doch eine Kette von Pannen führte
dazu, dass Kühlmittel verdampfte und der Reaktor explodierte. Eine beträchtli-
che Menge Radioaktivität wurde frei und verteilte sich großflächig. Das war der
GAU, der „größte anzunehmende Unfall", vor dem Atomkraftgegner stets
gewarnt hatten. Auch in Deutschland regnete es radioaktiven Fallout. Im
Supermarkt waren die Gemüse-Tiefkühlprodukte quasi über Nacht ausverkauft.
Niemand wusste, was man noch essen durfte, und niemand wusste, wie
verstrahlt nun auch Mitteleuropa wäre.

Die Hand Gottes

22. Juni 1986, Aztekenstadion in Mexiko City. Ein schwülwarmer Abend. Im Viertelfinale der Fußball-Weltmeisterschaft in Mexiko treffen Argentinien und England unter den Augen von 120 000 Zuschauern aufeinander. Eine Partie mit ungeheurer Brisanz, denn erstmals spielen die Teams nach dem für Argentinien verlorenen Falklandkrieg gegeneinander.

Bis zur 51. Minute steht es in einem ausgeglichenen Spiel 0:0. Doch als der Ball in den englischen Strafraum abtaucht, der Torhüter sich anschickt, ihn zu fangen, zuckt plötzlich die Hand des argentinischen Ausnahmestürmers Diego Maradona hoch und bugsiert den Ball ins Tor. Trotz Protesten steht es 1:0 für Argentinien. Der Schütze betet mit zum Himmel erhobenen Händen, zeigt mit zwei Fingern das Victory-Zeichen. Reportern, die ihn auf das irreguläre Tor ansprachen, das dazu beitrug, dass England aus dem Turnier ausschied und Argentinien Weltmeister wurde, antwortete Maradona überglücklich, es sei „die Hand Gottes" gewesen, die diesen Ball ins Netz befördert habe. Argentinien hatte sich rehabilitiert für den Falklandkrieg. Maradona wurde zum Volkshelden, und englische Fans knirschen noch heute mit den Zähnen, wenn sie an den 22. Juni 1986 zurückdenken. Einen schwülwarmen Abend.

Diego Maradona, kein Geringerer als die Hand Gottes.

Auf dem Weg zum „Lappen"

Spätestens mit siebzehneinhalb Jahren hielt es uns nicht länger und wir meldeten uns für die Fahrschule an. Dem vorausgegangen war ein monatelanges, fein taktiertes Beschwatzen der Eltern, die das Geld für den inzwischen kostspieligen Führerscheinerwerb vorstrecken mussten. Besonders den Oberschülern, die allenfalls in den großen Ferien die Gelegenheit hatten, sich übers Taschengeld hinaus etwas dazuzuverdienen. Meist beneideten sie deshalb die Lehrlinge, die jetzt kurz vor dem Abschluss standen und deren finanzielle Unabhängigkeit bereits in Sichtweite war.

Die Fahrschule führte alle wieder zusammen, die die letzten sieben Jahre in getrennten Schulen verbracht hatten. Den Theorieunterricht ertrugen wir mit stoischer Ruhe, waren wir doch samt und sonders routiniert im Totschlagen langweiliger Schulstunden. Doch in der Praxis trennte sich die Spreu vom Weizen, und wir beglückwünschten uns zu dem Tag, an dem uns unser Vater mit auf den Verkehrsübungsplatz, oder, wesentlich wahrscheinlicher, auf den Parkplatz des Einkaufszentrums mitgenommen hatte, um zum ersten Mal ein Auto zu lenken. Wir prahlten mit der Zahl unserer (wenigen) Fahrstunden. Und wenn wir es geschafft hatten, den „Lappen" auf den ersten Versuch hin zu

Die ersten Ausflüge ins Grüne mit Papas Auto.
Gern feucht-fröhlich, nicht nur der Tau am Morgen.

bekommen, ohne dabei entgegenkommende Fahrzeuge unmäßig zu taxieren oder die rechte Karosseriehälfte in einem Tunnel mit neuem Schliff zu verse-hen, atmeten wir dreimal erleichtert auf. Und ließen dem Jubel in einer improvi-sierten Stehparty seinen Lauf.

Jetzt musste natürlich auch ein Wagen her! Autos waren selbstverständlich Statussymbole, und noch heute behauptet mancher aus unserer Generation, das erste Auto sei wichtiger gewesen als die erste Liebe.

1986 war die Zeit der schwarzen oder weißen Golf GTI, die Aufkleber trugen wie „Wer bremst, verliert!" Aber auch die der grünen „Ente" oder des legen-dären R4, auf dem ein schmucker „WAA-NIE!"-Sticker prangte. Überhaupt waren Aufkleber so ziemlich das Erste, wodurch wir unser neues Gefährt individualisierten. Und gab es am Heck nicht ausreichend Platz, um unsere gesamte politische oder unpolitische Meinung zu transportieren, tat es auch die Kühlerhaube.

Volljährig. Und nun? Interrailen!

18 Jahre alt! Nun schlugen wir uns so richtig die Nächte um die Ohren, ließen es von Wochenende zu Wochenende auf den heißesten Partys krachen und fuhren endlich mit unseren Freunden an all die Orte, wohin unsere Eltern nie mit uns gewollt hatten: Paris, Amsterdam, London. Ein schöner Traum.

Die Realität sah ein bisschen anders aus. Die Spritpreise hatten seit Beginn der 80er-Jahre deutlich angezogen, und die eine oder andere Rostlaube, die unter uns ihren Dienst tat, verlangte auch nach Öl, oftmals sogar nach mehr von diesem als von jenem. Und lernen, lernen mussten wir auch. Zumin-dest diejenigen, die im kommenden Jahr ihr Abitur vor sich hatten. Wir waren zwar immer irgendwie überzeugt davon,

Sie musste nicht grün sein, um schön zu sein, die „Ente".

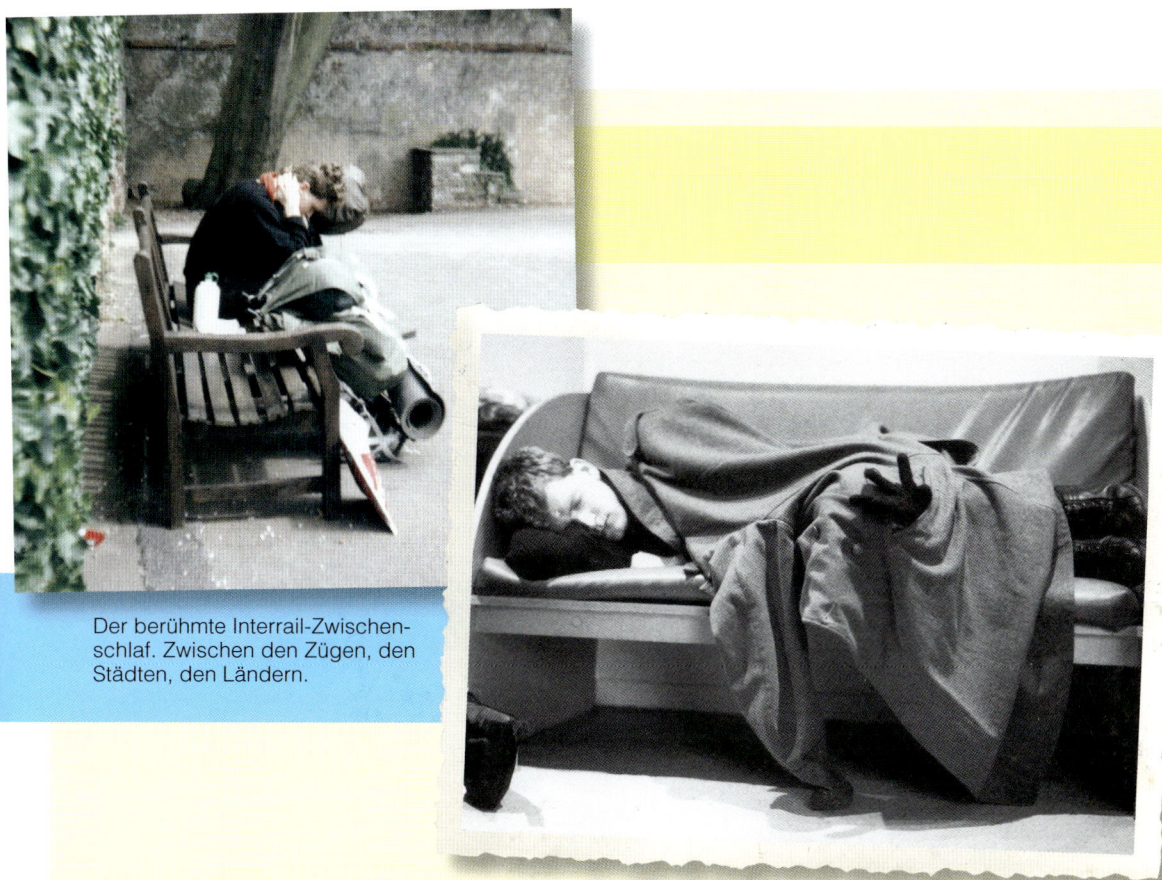

Der berühmte Interrail-Zwischen-
schlaf. Zwischen den Zügen, den
Städten, den Ländern.

dass wir es schaffen würden, aber der Aufwand, den wir hineinstecken müssten, der wurde uns erst jetzt so recht klar. Und dann gehörten viele unserer
Freunde ja auch schon zur arbeitenden Klasse und konnten als Berufseinstei-
ger, direkt nach der Lehre, nicht wie gewünscht über die Stränge schlagen.
Trotzdem: Die Träume von den Stadtreisen, die suchten wir uns zu erfüllen,
koste es, was es wolle. Und seitdem es Interrail gab, kostete es für diejenigen,
die bereit waren, auf Komfort zu verzichten, nicht mehr allzu viel. Die Pau-
schal-Fahrkarte, mit der Jugendliche über einen Zeitraum von einem Monat
unbegrenzt Bahnen in mehreren Ländern nutzen konnten, gehörte beinahe
schon zum guten Ton, wollte man einmal in den Ferien so richtig etwas
erleben.

   Dann zogen wir los, mit Armeeschlafsack (die Nächte waren überall kalt),
Iso-Matte, Haargel und Konserven für einen Monat ausgerüstet, und eroberten
die Hauptstädte des europäischen Westens. Manch exotische Stadt zog uns
so sehr in ihren Bann, dass wir beschlossen, dort liege unsere Zukunft. Entwe-
der im Studien- oder im Arbeitsleben. Dieses Leben fing schließlich gerade
erst an. Und wir wollten es uns nicht von Hardlinern gefährden lassen, egal für
welche Seite und welche Sache sie kämpften.